中等职业教育课程改革精品教材

心理健康与职业生涯学习指导

主编　李妍

江苏大学出版社
JIANGSU UNIVERSITY PRESS
镇　江

内 容 提 要

“心理健康与职业生涯”是中等职业教育思想政治课程的重要组成部分，是中职学校各专业学生必修的公共基础课程。本课程旨在帮助中职学生提升职业素养，培养良好心态，为顺利就业创业创造机会。为了帮助中职学生更好地学习这门课程，我们根据教育部最新颁布的《中等职业学校思想政治课程标准》（2020 年版）和中等职业教育教材《心理健康与职业生涯》编写了此书，其紧扣教材《心理健康与职业生涯》的内容，分为六章，每章由知识结构归纳、学习指导、生活感悟、检测训练四部分组成。

本书与教材配套使用，题型多样，内容全面，重视理论与实践的密切结合，可作为中等职业学校的辅导用书。

图书在版编目（CIP）数据

心理健康与职业生涯学习指导 / 李妍主编. -- 镇江：江苏大学出版社，2020.10（2022.9 重印）
ISBN 978-7-5684-1432-6

Ⅰ. ①心… Ⅱ. ①李… Ⅲ. ①心理教育－健康教育－中等专业学校－教材②职业选择－中等专业学校－教材 Ⅳ. ①G444②G717.38

中国版本图书馆 CIP 数据核字(2020)第 169745 号

心理健康与职业生涯学习指导
Xinli Jiankang yu Zhiye Shengya Xuexi Zhidao

主　　编 / 李　妍
责任编辑 / 柳　艳
出版发行 / 江苏大学出版社
地　　址 / 江苏省镇江市京口区学府路 301 号（邮编：212013）
电　　话 / 0511-84446464（传真）
网　　址 / http://press.ujs.edu.cn
排　　版 / 北京京华铭诚工贸有限公司
印　　刷 / 北京京华铭诚工贸有限公司
开　　本 / 880 mm×1 230 mm　1/16
印　　张 / 8.25
字　　数 / 227 千字
版　　次 / 2020 年 10 月第 1 版
印　　次 / 2022 年 9 月第 2 次印刷
书　　号 / ISBN 978-7-5684-1432-6
定　　价 / 28.00 元

如有印装质量问题请与本社营销部联系（电话：0511-84440882）

前言

为了帮助中职学生更好地理解和掌握《心理健康与职业生涯》的内容，同时帮助他们树立心理健康意识，提升自身职业素养，从而获得较好的职业发展，我们组织编写了《心理健康与职业生涯学习指导》一书。

本书根据教育部最新颁布的《中等职业学校思想政治课程标准》（2020 年版），紧扣《心理健康与职业生涯》的内容进行组织安排。在编写时，力求体现如下特点：

知识索引，重点突出

本书设置了“知识结构归纳”模块，旨在帮助学生梳理知识要点，快速了解重点知识。

题型多样，全面练习

本书题型设计多样，设置了填空题、选择题、判断题、简答题、辨析题及案例分析题，通过多种题型调动学生做题的积极性，开阔学生的做题思路，引导学生充分思考，多方面帮助学生巩固所学知识。

紧扣要点，注重实际

“学习指导”与“检测训练”部分紧扣重点知识，可以帮助学生巩固所学、打牢基础。“生活感悟”部分旨在引导学生在阅读中分析和思考，帮助他们从所学专业和实际出发，深入理解理论知识，树立心理健康意识，并结合个人实际确立职业规划。

本书由李妍担任主编，李炎辉担任副主编。由于编写时间仓促，加之编者水平有限，书中存在的疏漏与不当之处，敬请广大读者批评指正。在编写过程中，我们参考了大量的文献资料，在此向文献的作者表示诚挚的谢意。

本书配有习题答案，读者可以登录文旌综合教育平台“文旌课堂”（www.wenjingketang.com）下载。

目录
Contents

第一章

时代导航　生涯筑梦

第一节　新时代，新舞台

知识结构归纳

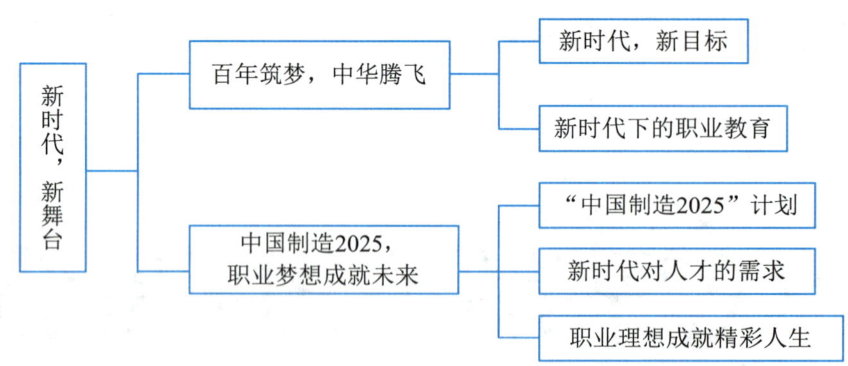

学习指导

1．新时代，新目标

2021 年 7 月 1 日，习近平总书记在天安门城楼上庄严宣告，经过全党全国各族人民持续奋斗，我们实现了第一个百年奋斗目标，在中华大地上全面建成了小康社会，历史性地解决了绝对贫困问题，正在意气风发向着全面建成社会主义现代化强国的第二个百年奋斗目标迈进。

2．新时代下的职业教育

新时代职业教育借鉴“双元制”等模式，形成了产教融合、校企合作、开放办学的体制机制，以及德技并修、工学结合、手脑并用的育人模式。

3．“中国制造 2025”计划

“中国制造 2025”计划包括五大工程和十大领域。五大工程包括制造业创新中心建设工程、强化基础工程、智能制造工程、绿色制造工程和高端装备创新工程。十大领域包括新一代信息技术产业、高档数控机床和机器人、航空航天装备、海洋工程装备及高技术船舶、先进轨道交通装备、节能与新能源汽车、电力装备、新材料、农机装备、生物医药及高性能医疗器械。

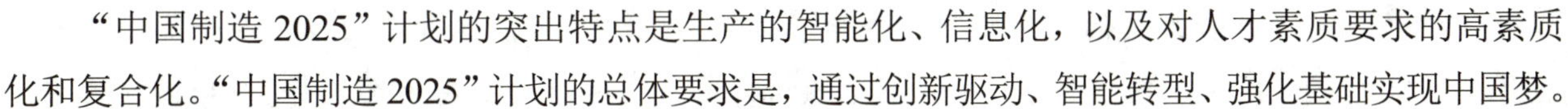

“中国制造 2025”计划的突出特点是生产的智能化、信息化，以及对人才素质要求的高素质化和复合化。“中国制造 2025”计划的总体要求是，通过创新驱动、智能转型、强化基础实现中国梦。

4．新时代对人才的需求

（1）新时代的人才应该学会求知。新时代的人才，不仅要积极学习自身专业领域的知识，还应广泛涉猎专业相关的知识，以开阔自己的视野。

（2）新时代的人才应该学会做事。新时代的人才应该明白“空谈误国，实干兴邦”的道理，自觉传承劳动精神，脚踏实地学习技能，并不断提升技能水平。

（3）新时代的人才应该学会创新。创新是引领发展的第一动力，新时代的人才必须具备创新意识和创新思维，且必须要有创新的勇气和决心。唯有与时俱进、开拓创新，才能不断开创国家各项事业的新局面。

5．职业理想

职业理想是指个人对于未来职业的向往和追求，既包括对将来从事职业种类和方向的追求，也包括在所从事职业中对所能达到的职业成就的追求。作为人生理想的重要组成部分，职业理想体现了人们的职业价值取向，指导着人们的职业方向和职业选择。

6．职业理想成就精彩人生

（1）职业理想是人生发展的方向标。“理想是灯，照亮夜行的路”，人生发展的目标必须通过职业理想来确立并实现。确定了职业理想，就等于为自己确定了奋斗目标。

（2）职业理想是人生发展的力量源泉。职业理想源自现实但高于现实，它需要我们以坚韧不拔的毅力、积极进取的精神和开拓创新的行动去为之奋斗，将其转变成美好的现实。职业理想作为一种可实现的目标，是人们实现职业愿望的精神支柱和力量源泉，它将激发人的无限潜能。

（3）职业理想促进正确就业观和成才观的树立。为实现职业理想，需要树立正确的就业观和成才观，其具体表现为降低就业期望值、提升自身素质和适应严峻的就业形势。

生活感悟

王钦峰的“蝶变之路”

1992 年，16 岁的王钦峰初中毕业，在村子附近一家简陋的乡镇企业当车工。1996 年，企业接到一单配件加工活，对配件要求精度高且工期紧。当时企业设备老化，每班时仅能加工 10 个配件，效率是一些同行的 1/4。为了提高效率，公司的一位师傅把 4 把刀具改成一把组合刀，效率翻番。王钦峰在此基础上，经过反复试验，改进刀具磨削，创造了每班时加工 52 件、月加工 1 400 多件、合格率达到 99.9%的奇迹。

这是 20 岁的王钦峰第一次享受到创新的快乐。从此，他一发不可收，在创新的道路上越走越快。22 岁，他参与设计研发国内首台轮胎模具专用电火花机床，改写了国内轮胎模具手工加工的历史；23 岁，他试验成功电火花防弧电路，破解了国内电火花机床烧结难题，促成了第一代电气柜的诞生。他和工友们共同研制出轮胎模具专用电火花节能电源，此技术在世界上只有少数几个国家拥有。按300多台设备，每台节电50%计算，每年可为公司节约电费1 200万元左右。

王钦峰靠着不断创新的精神，一步步成为山东豪迈机械科技股份有限公司电火花科研组组长。如今，他是潍坊市总工会副主席、山东省劳动模范、全国劳动模范、全国人大代表。

【思考与感悟】

王钦峰凭借自己的钻研精神，不断创新技术，跨越了一个又一个“山峰”。你认为新时代的人才为什么要学会创新？

____

____

____

____

____

____

____

____

____

检测训练

一、填空题

1．“中国制造2025”包括__________和__________。

2．__________是引领发展的第一动力，新时代的人才应该学会__________。

3．作为人生理想的重要组成部分，职业理想体现了人们的________________，指导着人们的________________。

4．确定了职业理想，就等于为自己确定了人生的________________。

5．“理想是灯，照亮夜行的路”表明职业理想是人生发展的________________。

6．新时代的人才必须具备____________和____________，必须要有创新的勇气和决心。

二、单项选择题

1．下列选项中，不属于现代职业教育体制机制的是（　　）。

A．产教融合　　B．校企合作

C．开放办学　　D．名师指导

2．下列选项中，不属于现代职业教育育人模式的是（　　）。

A．德技并修　　B．免试直读

C．工学结合　　D．手脑并用

3．下列选项中，不属于“中国制造 2025”计划总体要求内容的是（　　）。

A．创新驱动　　B．智能转型

C．强化基础　　D．知识强国

4．“空谈误国，实干兴邦”体现了新时代对人才的需求是（　　）。

A．要学会求知　　B．要学会做事

C．要学会空谈　　D．要学会创新

5．下列选项中，不属于树立正确的就业观和成才观表现的是（　　）。

A．降低就业期望值　　B．评价自我成就

C．适应严峻的就业形势　　D．提升自身素质

6．下列说法中，属于职业理想的是（　　）。

A．小陈的理想是挣够了钱环游世界

B．小王在餐馆打工，她的理想是通过自学考试获得大学文凭

C．小程电气化专业毕业后进入某电力公司，他的理想是 5 年内成为项目经理

D．小魏现在是一名卫生职业学校的学生，她的理想是成为爱心志愿者

三、判断题（正确的画“√”，错误的画“×”）

1．大型飞机、高分辨率对地观测系统、载人航天工程与探月工程等均属于航空航天领域范畴的工程。（　　）

2．中职生只要参加国家级和省级技能大赛并获奖就可免试读高职。（　　）

3．实干是引领发展的第一动力，中职生必须学会脚踏实地做事。（　　）

4．职业理想仅仅是对将来从事职业种类和方向的追求。（　　）

5．职业理想是高于现实的，根本不可能实现。（　　）

6．唯有与时俱进、开拓创新，才能不断开创国家各项事业的新局面。（　　）

四、简答题

1．简述新时代对人才的需求。

2．为什么说职业理想能够成就人生？

五、辨析题

1．术业有专攻，新时代的人才只需要积极学习自身专业领域的知识。

2．在职业生涯中，只有确立职业理想，才能走向成功。

六、案例分析题

方童的理想是当一名教师，为此，她放弃了银行优厚的待遇和工作环境，到一所心仪的学校去面试。由于这所学校需要的是有工作经验的男性教师，所以，她的条件是不符合学校的用人要求的。在得知这所学校在招校长办公室的秘书后，方童为了留下，毫不犹豫地应聘了秘书岗位。

尽管方童成了校长办公室秘书，但她并没有放弃做一名教师的理想。她一边做秘书工作，一边利用闲暇时间听课，每次都认真做听课笔记，用心写听课心得，并对老师的教案进行总结。

过了一段时间，方童再次向校长表明自己想当老师的心愿。她的努力和坚持校长看在眼里，给了她一个机会——做 10 份英语教学提纲，如果合格，就让她参加英语教师的选拔面试。

方童做的教学方案得到了校长的认可，但接下来，她还要在学校各资深老师的面前试讲，经老师们考查合格后才能当上教师。试讲结束后，老师们指出了她试讲中的不足，也对她的优点给予了充分肯定。通过锲而不舍的努力，方童终于如愿以偿当上了教师。

【思考】

方童是如何如愿以偿当上教师的？职业理想在人生中发挥着什么样的作用？

第二节　运筹帷幄，决胜千里

知识结构归纳

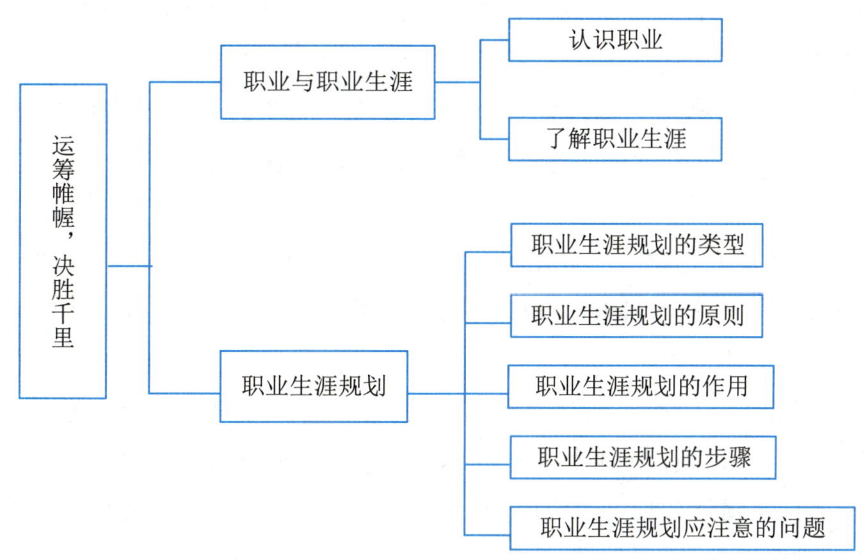

学习指导

1. 职业

职业是指人们所从事的比较稳定的有合法收入的活动，具有三个条件：一是有专门的分工；二是比较稳定，从事某种职业必须达到一定时间；三是有一定的合法收入。

2. 职业的特点

（1）专业性。每一种职业都有一定的技术含量和技术规范要求。

（2）多样性。社会分工越来越细，人们的生活需求越来越丰富，职业种类也越来越多。

（3）时代性。职业的产生和演变与时代的发展和变化紧密相关。

3. 职业的分类

我国职业分为 8 个大类：国家机关、党群组织、企业、事业单位负责人；专业技术人员；办事人员和有关人员；商业、服务业人员；农、林、牧、渔、水利业生产人员；生产、运输设备操作人员及有关人员；军人；不便分类的其他从业人员。

4. 职业生涯的特点

（1）独特性。每个人的个体状态不同，所从事的职业不同，其职业生涯也会有很大的不同。

（2）发展性。职业生涯是一种发展、演进的动态过程，包括职务升迁和职业改变两种形式。

（3）阶段性。每个人的职业生涯过程都可分为不同的阶段。

（4）终生性。人们在由幼年到老年的过程中不断地蜕变、成长，职业生涯也随之成为一种动态发展的历程。

（5）互动性。职业生涯是个人与他人、个人与环境、个人与社会互动的结果。

5. 职业生涯的发展阶段

第一阶段：职业准备，一般从 14～15 岁开始，延续到 18～28 岁。该阶段的主要任务是发展职业想象力，对职业进行评估和选择，接受必需的职业教育。

第二阶段：就业与择业，一般集中在 17～30 岁。该阶段的主要任务是在获取足够信息量的基础上，尽量选择一份合适的、较为满意的职业，并在一个理想的互动组织或机构中获得一份工作。

第三阶段：职业生涯初期，一般在就业后一两年到 40 岁。该阶段的主要任务是学习职业技术，提高职业能力，了解与学习组织纪律和规范，逐步适应和融入组织，为未来的职业成功奠定基础。

第四阶段：职业生涯中期，一般为 40 岁及之后的工作时间。该阶段的主要任务是对早期的职业生涯进行重新评估，强化或调整自己的职业理想，调适职业方向，努力工作，有所成就。

第五阶段：职业生涯后期，一般为退休前几年。该阶段的主要任务是继续保持已有的职业成就，维护尊严，准备退休。

6. 职业生涯规划

职业生涯规划是指在对职业生涯的主客观条件进行测定、分析、总结的基础上，对自己的兴趣、爱好、能力、价值观、职业素质等进行综合分析与权衡，确定最佳的职业奋斗目标，并为实现这一目标做出行之有效的安排。简单地说，职业生涯规划就是规划从开始工作到退休的整个职业历程。

7. 职业生涯规划的类型

（1）人生规划。指整个职业生涯的规划，用来设定整个人生的发展目标。

（2）长期规划。一般指 5～10 年的规划，主要用来设定较长远的职业生涯目标。

（3）中期规划。一般指 2～5 年内的目标与任务规划。

（4）短期规划。短期规划一般指 2 年以内的职业规划，主要是规划近期要完成的任务。

8. 职业生涯规划的原则

（1）职业生涯规划要与社会需求相适应。中职生在进行职业生涯规划时，要看清现实社会与未来的发展趋势，特别要理清未来职业发展的趋势。

（2）要与所学专业相匹配。中职生在进行职业生涯规划时，一定要了解专业，分析专业，强化专业知识与技能的掌握，以专业特色和能力要求为导向。

（3）要与自身实际相结合。中职生进行职业规划时，一定要认清自己，结合个人特点，给自己准确定位，从而扬长避短，充分发挥自己的优势。

9. 职业生涯规划的作用

（1）通过职业生涯规划可以充分认识自我，不断提升自我。

（2）职业生涯规划可以激发一个人的潜能，增加成功的概率。

（3）职业生涯规划能够使自己的奋斗目标更明确，同时增强自身发展的目的性与计划性。

（4）做好职业生涯规划，能够更好地实现职业理想，更充分地发挥职业理想的导向作用和动力作用。

10. 职业生涯规划的步骤

一个系统的职业生涯规划应包含六个基本步骤：

（1）觉知与承诺。了解职业生涯规划的基本情况，意识到职业生涯规划对于个体发展的重要意义，并愿意花时间规划自己的职业生涯。

（2）认识自我。主要包括了解自己的人格特质、兴趣爱好、价值观、现有技能和能力倾向等。

（3）认识工作世界。进行职业生涯规划时必须充分了解自己所处的环境。

（4）决策。选择职业生涯目标和实施路径。

（5）行动。对制定的目标和具体措施一一落实。

（6）再评估/成长。由于人或事物都是在变化的，因而职业生涯规划需要经常进行评估和调整。

11. 职业生涯规划应注意的问题

（1）避免片面地考虑某一项条件，而忽视其他影响因素；避免片面地考虑单个职业岗位，而应该有备选方案。

（2）应考虑到社会需求与个人条件的变化，及时根据其变化做出调整，避免僵化。

（3）正视自己的能力，避免自我局限。

（4）制定职业规划目标时要避免不切实际，既不能定得太容易，也不能定得过高无法实现。

生活感悟

梦想起航

程静静是一个性格内向的女孩儿，她好奇心强，喜欢思考，做事认真。她热爱文学，喜欢运动，还喜欢摆弄一些小玩意儿，经常把家里的一些东西拆了装、装了拆，反复摆弄。她还会修理一些家里的日常用具，比如自行车哪个零件丢了，她就找一个装上。家里买的电扇是由她安装的，如果需要清洗，也是由她进行拆装，这些对她来说都是很有趣的事。

程静静认为自己并不适合走应试教育这条路，于是，高二那年她选择了退学。之后，她进入河南机电学校继续学习。报名时，她根据自己的爱好和兴趣选择了模具专业。

在一年的中专学习中，她发现自己很喜欢这个专业。学习中强烈的成就感让她更加坚定了自己的专业选择，并为自己立下了成为一名模具技师的目标。为此，她制定了一份长期目标规划，具体如下。

1．2014—2016 年：模具中级工

知识目标：学习机械制图、金属工艺及材料热处理、机械制造基础等专业基础课程，掌握冲压工艺与模具设计、模具制造工艺、数控铣削技术、CAD/CAM 技术等专业技能。

能力目标：提高自己的实际操作能力，提高人际沟通能力。

学历目标：取得中专毕业证书、铣工中级工资格证书；参加对口升学考试，升入大专。

2．2016—2018 年：中级制图员

知识目标：学习机械制图测绘、机械零件设计、机械专业英语等基础课程；掌握模具现代制造技术、高级数控铣削技术等技能。

能力目标：提高实际操作能力，初步培养模具设计能力，提高组织能力。

学历目标：取得大专毕业证书和国家中级制图员证书。

3．2018—2021 年：模具高级工

学历目标：取得铣工高级资格证书和制图员高级资格证书。

职业目标：成为一名知识型模具高级工。

技能目标：熟练掌握工厂各种生产设备的操作和工作流程，努力实现技能创新，为工厂节约成本、改进技术贡献力量。

能力目标：熟练处理本职务工作，工作业绩在同级同事中居于突出地位；参加技能比赛，并获得荣誉。

4．2021—2027 年：模具技师

学历目标：取得技师职称、本科学历证书。

职业目标：企业或工厂的高级技术人员。

能力目标：熟悉国内外先进技术，综合国内外先进技术，进行一定的科学探究。

知识学习：参加技师考试，将自己工作几年的知识积累和技能积累提高一个层次。

能力提高：参加全国技术性比赛，不断了解国内外模具动态，进行科学研究。

【思考与感悟】

程静静是如何实现自己的梦想的？同样作为中职生，你会如何规划自己的职业生涯？

____

____

____

____

____

____

____

____

检测训练

一、填空题

1. 职业的活动必须具备三个条件：一是____________；二是____________；三是____________。

2. “隔行如隔山”说明了职业具有____________的特点。

3. 在我国的职业分类中，“教学人员”属于____________。

4. 职业生涯是包含了一个人所有的工作、职业、职位及其变更，以及____________。

5. 职业生涯是____________、____________、____________互动的结果。

6. 职业生涯的就业与择业阶段一般集中在________岁。

7. 人们通常把个人职业规划的重点放在____________，这样有利于根据实际情况随时进行调整。

8. 每个专业都有特定的培养目标、就业方向和领域，这是职业生涯规划的____________。

9. 职业生涯规划要强调____________和____________，不能千篇一律。

10. 人或事物都是在变化的，因此职业生涯规划需要经常进行________和________。

二、单项选择题

1. 下列选项中，属于职业的是（　　）。

   A. 街头艺人　　B. 教师　　C. 家庭主妇　　D. 志愿者

2. 下列选项中，不属于职业特点的是（　　）。

   A. 时代性　　B. 专业性　　C. 理想性　　D. 多样性

3．“三百六十行”反映了职业的（　　）。

A．多样性　　B．专业性　　C．时代性　　D．独特性

4．每个人的个体状态不同，所从事的职业不同，这体现了职业生涯的（　　）。

A．独特性　　B．发展性　　C．阶段性　　D．终生性

5．关于职业生涯的发展阶段，下列表述正确的一项是（　　）。

A．职业准备阶段一般从14～15岁开始

B．职业生涯初期一般集中在17～30岁

C．职业生涯中期一般在就业后一两年到40岁

D．职业生涯后期一般为40岁及之后的工作时间

6．魏青现在是一家公司的普通业务员，他计划在3年内成为业务部的经理。魏青的计划属于职业生涯规划类型中的（　　）。

A．人生规划　　B．长期规划　　C．中期规划　　D．短期规划

7．小洁对自己的评价是擅长人际交往、英语水平较高、计算机操作能力较强，所以她对自己未来的职业规划是文秘类工作。小洁的职业生涯规划体现了（　　）。

A．要了解未来职业发展的趋势

B．要借鉴他人评价

C．要以专业特色和能力要求为导向

D．要认清自己

8．在职业生涯规划的整体过程中，最为关键的一步是（　　）。

A．觉知与承诺　　B．认识自我

C．决策　　D．认识工作世界

9．小倪在进行职业生涯规划的过程中，逐渐确定了自己的奋斗方向。这体现了职业生涯规划有助于（　　）。

A．提升自我　　B．明确目标　　C．自我督促　　D．自我激励

10．下列选项中，不属于进行职业生涯规划的第一步内容的是（　　）。

A．明白职业生涯规划是一个过程

B．意识到职业生涯规划的重要意义

C．选择职业生涯目标和实施路径

D．愿意花时间规划自己的职业生涯

三、判断题（正确的画“√”，错误的画“×”）

1．职业都比较稳定且有合法收入。（　　）

2．我们必须顺应时代的要求，根据时代的变化调整自己的职业生涯规划。（　　）

3．从长远来看，职业生涯发展的关键在于个人习惯的形成。（　　）

4．就业与择业阶段的主要任务是在获取足够信息量的基础上，选择并获得一份合适的、较为满意的工作。（　　）

5．职业生涯中的短期规划主要是规划近期要完成的任务。（　　）

6．社会需求是影响职业生涯规划的重要客观条件。（　　）

7．求职过程中没有必要实现专业与职业的匹配。（　　）

8．一个人只要有了自己的奋斗目标，就能在职业生涯中走向成功。（　　）

9．职业生涯规划可以将实现职业理想的步骤加以细化，使其更具有操作性。（　　）

10．进行职业生涯规划时，要考虑多项条件、多个职业岗位。（　　）

四、简答题

1．在进行职业生涯规划时，应遵循哪些基本原则？

2．阐述制订职业生涯规划的步骤及相应的规划技巧与方法。

3．制订职业规划时应注意哪些问题？

五、辨析题

1．只要确立了职业理想，努力走好当下的路，就没有必要做职业规划。

2．长期规划一般指 5～10 年的规划，用来设定整个人生的发展目标。

六、案例分析题

日本著名企业家井上富雄，年轻时曾在 IBM 公司工作。进入公司不久，由于体质衰弱，积劳成疾，他病倒了。他凭着坚强的意志与病魔斗争了 3 年之久，才终于康复，并重新回到 IBM 公司工作。当时，一些比他晚入公司的后辈的职位都已经超过了他，要想在短时间内拉近近 3 年的差距着实不易，他只能花费比别人更多的时间提升自己。为此，25 岁的井上富雄为自己制定了一份长达 25 年之久的职业生涯规划。

坚持执行“25 年计划”的同时，他还会从自己的实际情况出发学习应具备的各种能力，再进一步为未来打基础，以便能随时胜任更高的职位。当他还是一个小小的办事员时，就开始学习科长应具有的一切能力；当他荣升为科长时，就学习当经理应具备的能力；当他成为经理时，就再进一步学习胜任总经理的能力。

到了 30 岁时，井上富雄升为经理；到了 40 岁时，他当上了总经理，他的升迁比别人要快得多。在 47 岁时，井上富雄离开了 IBM，开始自己经营公司。其实，能取得这些成就，并不是因为井上富雄特别聪明，而是因为他能够拟定适合自己的职业生涯计划，并一步步地完成。

【思考】

1．井上富雄是如何制定自己的职业生涯规划的？

2．你认为中职生是否有必要制定自己的职业规划？为什么？

第二章

认识自我　健康成长

第一节　自我认知，蓄力职场

知识结构归纳

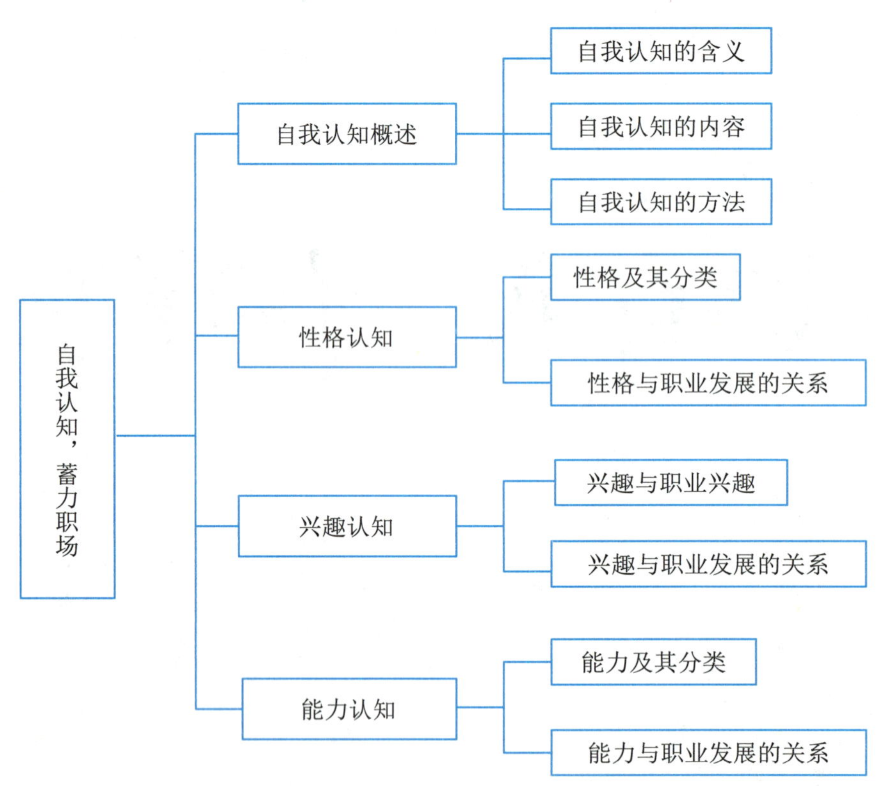

学习指导

1. 自我认知

自我认知是指认知主体的我对客体的我进行感觉和观察，从而形成一定的自我概念，并形成自我评价。自我认知包括对生理自我的认知、心理自我的认知和社会自我的认知。

2．自我认知的方法

（1）自我比较。一是与过去的自己相比，看自己进步与否；二是与理想中的自我相比，看自己还有哪些差距，但要注意理想中的自我应切合实际。

（2）与他人比较。与他人进行比较时应注意两点：其一，选择合适的标准；其二，比较的对象应该是与自己条件类似的人。

（3）借助他人评价。一个人对自己的认识难免有偏差，因此有必要根据他人的评价、他人对自己表现出的言行态度来认识自己。

3．性格及其分类

性格是指表现在人对现实的态度和相应的行为方式中的、比较稳定的、具有核心意义的个性心理特征，它是一种与社会最密切的人格特征。

按心理机能划分，性格可分为理智型、情感型和意志型。

按心理活动倾向性划分，性格可分为内倾型和外倾型。

根据人们核心价值观、注意力焦点及行为习惯的不同，性格可分为完美型、助人型、成就型、艺术型、理智型、忠诚型、活跃型、领袖型、和平型。

按人的行为方式划分，性格可分为 A 型性格、B 型性格、C 型性格和 D 型性格。

根据五行属性可划分出金、木、水、火、土五类性格，又称 5D 性格。

4．性格与职业发展的关系

（1）人的性格有很多种类型，而每类性格都有与之匹配的相关职业。

（2）虽然每个人的性格都不能百分之百地适合某个职业，但却可以根据自己的职业倾向来培养、发展相应的职业性格。

（3）如果性格与所选择的职业格格不入，可以更换一份适合自己性格的工作。

5．兴趣与职业兴趣

兴趣是人认识某种事物或从事某种活动的心理倾向，这种倾向带有稳定、主动、持久等特征。

职业兴趣是兴趣在职业方面的表现，是指人们对某种职业活动具有的比较稳定而持久的心理倾向。

6．兴趣与职业发展的关系

（1）兴趣是人们职业选择的重要依据。中职生在进行职业选择时，可以客观分析自己兴趣，同时根据社会的需要，不断调整自己的兴趣。

（2）兴趣可以提高工作的效率。如果一个人选择的职业与自己的兴趣相吻合，那么枯燥的工作也会变得趣味无穷，他会在工作中努力克服困难，不断积极进取，工作效率也会大大提高。

（3）兴趣是保证职业成功的重要因素之一。根据兴趣选择某种职业，那么兴趣就会变成巨大的个人自觉性和积极性，促使一个人在职业生活中做出成就。

7．能力及其分类

能力是顺利、有效地完成某种活动所必须具备的个性心理特征，是人们成功完成某种活动的主观条件，是人们在社会实践中所表现出的身心力量。

按照能力的结构可将其分为一般能力和特殊能力。一般能力是指顺利完成各种活动所必需的基本能力；特殊能力是指顺利完成某些特殊活动所必备的专门能力，与职业活动密切相关。

8. 能力与职业发展的关系

（1）能力是职业选择的现实基础。中职生对自己的能力要有准确的认识。在择业时，应根据自己的能力扬长避短，精准选择。

（2）能力是胜任工作的重要保障。无论从事什么职业，都要有一定的能力作为保障。中职生要想胜任工作，就必须拥有过硬的专业能力。

（3）能力是推动职业发展的关键因素。中职生要想实现职业发展，就需要不断提升自己的职业能力，在工作过程中不断地进行知识和经验的积累。

生活感悟

寻找属于自己的职业

布拉格有一个小男孩，他的性格十分内向、懦弱，且敏感多疑、多愁善感，他总是觉得周围环境一直在压迫和威胁着自己，于是一直想要防范和逃避。

男孩的父亲竭力想把他培养成一个标准的男子汉，希望他具有风风火火、宁折不屈、刚毅勇敢的性格。在父亲粗暴、严厉且又很自负的斯巴达克式的培养下，他的性格不但没有变得刚烈勇敢，反而更加懦弱自卑，并从根本上丧失了自信心，致使生活中每一个细节、每一件小事，对他来说都是一个不大不小的灾难。他在困惑痛苦中长大，他整天都在察言观色，常独自躲在角落处体会自己受到的伤害，小心翼翼地揣度着又会有什么样的伤害落到自己身上。

父亲对儿子彻底失望了，这样能让他去当兵、去冲锋陷阵吗？不可能，部队还没有开始选拔，他也许就已经当了逃兵。让他去从政？依靠他的智慧、勇气和决断力，能在那么复杂的情景中周旋，简直就是幻想。如果让他去当律师呢？他那内向懦弱的性格，可能会让他连直视对手的勇气都没有，更何况是你来我往的激烈辩论。

但是谁也没想到，这个小男孩最后成了闻名世界的文学家，他就是捷克作家卡夫卡。

为什么会这样？原因在于卡夫卡找到了适合自己性格的职业。卡夫卡内向、犹豫、消极的性格特点，能够让他比普通人的感受更敏锐，对世界、生活、人生有更深刻的认识。他以自己在生活中受到的压抑、苦闷为题材，开创了文学史上一个全新的艺术流派——意识流。他在作品中把荒诞的世界、扭曲的观念、变形的人格，解剖得淋漓尽致，给世界留下了《变形记》《城堡》《审判》等不朽的巨著。

【思考与感悟】

1. 你是哪种性格的人？你喜欢自己的性格吗？为什么？
2. 当面对他人的评价，你有想过改变自己的性格吗？为什么？
3. 若面对自己很喜欢的职业，但自己的性格不太合适时，你愿意为之做出改变吗？为什么？

____

____

____

____

____

____

____

____

检测训练

一、填空题

1. 自我认知是指认知主体的我对客体的我进行__________和__________。

2. 通过自我比较来认识自己的方式通常有两种，一是______________________________；二是______________________________。

3. 性格是指表现在人对现实的态度和相应的行为方式中的、______________________________、______________________________个性心理特征。

4. 内倾型性格的人认知世界时往往以__________________为核心，而外倾型性格的人认知世界时往往以__________________为核心。

5. 根据人们核心价值观、注意力焦点及行为习惯的不同，可以把人的性格分为___________、___________、成就型、艺术型、__________、___________、___________、领袖型、和平型。

6. ____________是指人们对某种职业活动具有的比较稳定而持久的心理倾向。

7. ____________是职业选择的现实基础。

8. 根据兴趣选择某种职业，那么兴趣就会变成巨大的个人__________和__________。

9. 能力是顺利、有效地完成某种活动所必须具备的____________，是人们成功完成某种活动的____________，是人们在社会实践中所表现出的____________。

10. 按照能力的结构可将其分为_____________和_____________。

二、单项选择题

1. 下列选项中，不属于生理自我认知的是（　　）。

A. 性别　　B. 身高　　C. 外貌　　D. 气质

2. 下列选项中，不属于社会自我认知的是（　　）。

A. 性格及能力　　B. 社会角色

C. 人际关系　　D. 在群体中的地位

3. 小夏认为自己在学习上比去年有了一些进步，这种认知属于自我认知中的（　　）。

A. 自我比较　　B. 给予他人评价

C. 与他人比较　　D. 借助他人评价

4. 下列选项中，不属于按照心理机能划分的性格类型是（　　）。

A. 理智型　　B. 内倾型

C. 情感型　　D. 意志型

5. 下列选项中，不属于艺术型性格特征的一项是（　　）。

A. 情绪化　　B. 追求浪漫

C. 渴望别人的爱　　D. 惧怕被人拒绝

6. 小荣的动手能力强，平时做事手脚灵活，但他为人保守，较为谦虚，缺乏社交能力，下列选项中适合他从事的职业是（　　）。

A. 公关人员　　B. 律师

C. 咨询人员　　D. 机械装配工

7. 教育工作者符合的职业兴趣类型是（　　）。

A. 常规型　　B. 社会型

C. 调研型　　D. 艺术型

8. 下列选项中，不属于个人一般能力的是（　　）。

A. 观察力　　B. 记忆力

C. 作曲能力　　D. 思维能力

9. 下列选项中，不属于个人特殊能力的是（　　）。

A. 想象力　　B. 音乐能力

C. 绘画能力　　D. 运动能力

10. 小唐具有迅速、准确做出动作和反应的能力。下列选项中，比较适合她从事的职业是（　　）。

A. 裁缝　　B. 舞蹈家

C. 测量　　D. 作家

三、判断题（正确的画“√”，错误的画“×”）

1. 自我认知是认知客体的我对主体的我形成一定的自我概念，并形成自我评价。（　　）

2. 他人对自己的评价完全无益于自己的自我认知。（　　）

3. 小张认为自己的性格属于外倾型，能够胜任所有工作。（　　）

4. 躁狂型性格的人通常会表现出精神振奋、待人热情、喜欢交往、精力充沛。（　　）

5. 容易害羞的人想要从事营销岗位，可以通过学习知识充实自我，有意识地改变形象，或者学习社交技巧等增强自信。（　　）

6．李某喜欢竞争，敢冒风险，有野心，做事有较强的目的性，他认为自己的职业兴趣属于企业型，适合从事律师工作。（　　）

7．良好的职业兴趣可以增加个人的工作满意度、职业稳定性和职业成就感。（　　）

8．兴趣在职业选择中，总是起着正向的驱动作用。（　　）

9．中职生在择业时，应该根据自己的能力扬长避短，精准选择。（　　）

10．在生产、服务一线，熟练的操作能力是最重要的，不需要知识基础。（　　）

四、简答题

1．简述自我认知的方法。

2．简述兴趣与职业发展的关系。

3．简述能力与职业发展的关系。

五、辨析题

1．自我认知只需要自己和自己比较、自己和他人比较，不需要管别人怎么评价自己。

2．人的性格有很多种类型，而每类性格都有与之匹配的相关职业。

3．职业发展仅依靠个人能力，与兴趣无关。

六、案例分析题

王欣毕业于某航空航天大学，所学专业是航空电器。大学毕业后，王欣当了几年电子工程师，由于对工作内容不感兴趣，工作时常常走神，有一次甚至在工作中把电容的正负两极接错了，导致电容内部爆炸。技术工作需要的是绝对的耐心和踏实，整天看着机器，经常一周都说不上几句话，这让性格外向的他很不适应。

王欣决定转行，根据自己的兴趣，去应聘人众人公司的拓展训练师。他幸运地通过了初试和复试后，需要到北京进行最后一轮的竞争，但是现在的公司不给他批那么长的假期，这就意味着要放弃现在待遇不错的工作，去竞争一个不一定能成功的职位，也许会赔了夫人又折兵。但是最终，他对兴趣相关工作的渴望战胜了一切。

之后，王欣在电视台的某档节目中，将人众人拓展培训师职位和一万元奖金全部收入囊中。经过考验的王欣终于找到了工作与兴趣的最佳结合点，而为了今天这个完美结局他付出了长期的努力。

【思考】

1．王欣为什么从电子工程师转行到了拓展训练师？

2．结合案例，说说你认为应如何根据自己的实际选择合适的职业？

第二节　直面困难，战胜挫折

知识结构归纳

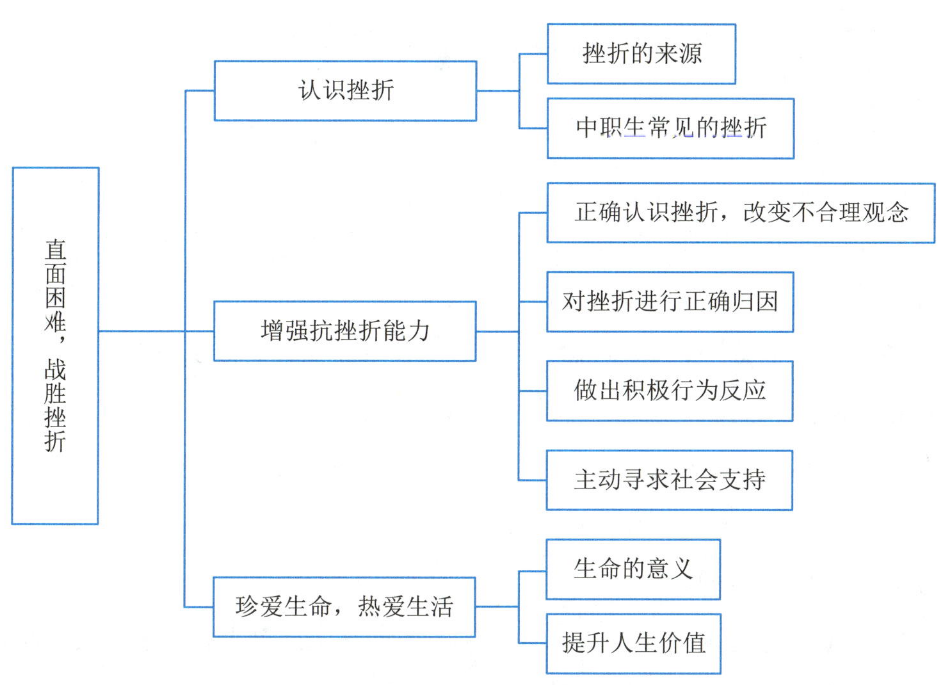

学习指导

1．挫折的来源

挫折的来源有很多，包括自然、社会、家庭、学校和个人等因素。其中，个人因素包括生理因素和心理因素。

2．中职生常见的挫折

（1）学业挫折。并不是每一位中职生都能掌握正确的学习方法，取得良好的学习成绩。

（2）人际交往挫折。社会交往经验、技巧不足的中职生面对语言不同、性格各异、生活习惯相差较大的同学，很有可能会发生摩擦和冲突。

（3）就业挫折。中职生在日益激烈的人才市场竞争中易遭遇就业挫折。

3. 增强抗挫折能力

（1）正确认识挫折，改变不合理观念。

（2）对挫折进行正确归因。

（3）做出积极行为反应：① 升华；② 补偿；③ 幽默；④ 寻求改变；⑤ 适时宣泄不良情绪。

（4）主动寻求社会支持。

4. 生命的意义

生命的意义不仅在于它能够满足人的需要，还在于它对社会的贡献以及社会对这个生命的尊重与满足。

生活感悟

带疤痕的木板

孙伟是一家创业公司的老板，这两年他的公司如同一匹黑马，发展迅速。在接受记者采访的时候，记者问他："您是凭借着什么走这么远的呢？"他回答道："我给您讲一个故事吧。"

"18岁那年夏天，我以十分的差距落了榜。因为没考上大学，我的情绪每天都很低落，我的父亲就让我跟着他做木匠活儿。感到前途渺茫的我，就跟着做了起来。有一天，我在学刨木板，刨着刨着就卡住了，很难往前推动，我拿开刨子一看，木板上有一个木结。'这木板怎么这么硬啊'我嘟囔着，我父亲在一旁说，'因为它受过伤'。"

"受过伤？"记者感到有些疑惑。

孙伟继续说："对，当时我的父亲告诉我，木头上的那些木结都是树之前受过伤的地方，结疤之后就会变得特别硬。但是树被刨成木板时，往往是这些疤痕所在的地方纹路最好看。其实，人也是一样的，只有受过伤之后，才会变得更加坚强，那些曾经受过的伤之后都会成为人生中一道道美丽的风景。"

"您的意思是敢于面对挫折吗？"记者问道。

"对，遇到挫折并不可怕，可怕的是一蹶不振。当时那块木板和父亲的话给了我很大触动，我决定复读，再给自己一次机会。"

"所以您现在成功了。"

"未来的路还很长。"孙伟说道。

【思考与感悟】

读完这个故事，你有什么样的感悟？你如何看待自己生活中遇到的挫折？

____

____

____

____

____

____

____

____

检测训练

一、填空题

1．挫折来源中的社会因素是指________________。

2．______、______、______、______等心理因素可能导致中职生设定的目标无法实现，从而产生挫折感。

3．挫折具有________，是人生的一个组成部分。

4．在面对可以通过努力改变的挫折因素时，中职生可以________________。

5．中职生要________________，将挫折转化为一种激励的力量。

6．________是指个体因某方面的缺陷而无法达到期望的目标时，以其他方面的成功来弥补先前的遗憾与损失的方式。

7．________反映出一个人看待挫折成败的一种超然的心态和智慧。

8．不良情绪宣泄方式包括__________和__________。

9．生命的意义不仅在于它能够__________，还在于它__________，以及社会对这个生命的尊重与满足。

10．一个人只有______________，才会感到满足和充实，才能真正体会到生活的乐趣和意义。

二、单项选择题

1．2011 年 3 月 11 日，日本发生了 9.0 级地震，地震及其引发的海啸给日本带来了巨大的灾难。导致日本人民遭受这种挫折的因素是（　　）。

A．个人因素　　B．社会因素

C．自然因素　　D．家庭因素

2．在生活中遭遇不平等的待遇属于挫折来源中的（　　）。

A．学校因素　　B．家庭因素

C．个人因素　　D．社会因素

3．小何和小宁在高考中双双落榜，他们都非常难过。不久，小何又振奋精神，准备复读，第二年终于考上了理想学校；而小宁却一直情绪低落，愁眉苦脸，什么事也做不好。对此认识正确的是（　　）。

A．小何没有挫折感，小宁则受到了挫折的严重打击

B．导致他们遭遇挫折的原因不同

C．小何比小宁聪明

D．对待挫折的态度不同，结果也不同

4．孙中山先生说："吾志所向，一往无前，愈挫愈奋，再接再厉。"这句话说明（　　）。

A．人永远无法战胜挫折　　B．挫折促使人奋发向上

C．挫折不利于个人的发展　　D．挫折对人的成长起阻碍作用

5．农民会因自然灾害而无收成，工人会因企业经营困难面临下岗，学生有可能找不到合适的学习方法，这体现了（　　）。

A．挫折具有普遍性　　B．与挫折做斗争能够磨炼意志

C．挫折的来源是单一的　　D．造成挫折的因素是无法改变的

6．小雨遭受挫折后，总是喜欢去操场上跑几圈，他的这种行为反应属于（　　）。

A．升华　　B．补偿

C．寻求改变　　D．适时宣泄不良情绪

7．王继才夫妇以海岛为家、与孤独相伴，把三十几年的青春年华全部献给了祖国的海防事业，他们的故事说明了（　　）。

A．每个人都必须为社会做出贡献

B．他们的人生是没有意义的

C．人人都可以通过践行自己的价值观获得幸福感

D．人生的意义在于放弃自我利益

三、判断题（正确的画"√"，错误的画"×"）

1．同样的挫折事件对不同的个体会产生不同的挫折感。（　　）

2．在人生道路上，不在于怎样对待困难和挫折，关键在于有无困难和挫折。（　　）

3．小郭第一次投递简历被拒绝了，从此他一蹶不振，再也没有找过任何工作。这是因为他没有正视挫折，发现其积极影响。（　　）

4．中职生没有必要将学习视作未来立足社会、提高自身竞争力、谋求自身不断发展的前提和基础。（　　）

5．自信是解决就业挫折的唯一途径。（　　）

6．与挫折做斗争的过程会消磨自身的意志，所以我们应该尽量避免直面挫折。（　　）

7．面对自然灾害这种无法改变的挫折因素，要学会自我调节。（ ）

8．“快乐是建立在别人的痛苦上的”意思是，良好人际关系的存在可以降低消极情绪体验。（ ）

9．尽管不同的环境会催生不同的价值观，但人人都可以通过践行自己的价值观获得幸福感，从而发现生命的真谛。（ ）

四、简答题

1．中职生容易遭遇哪些挫折？

2．中职生应如何直面和应对挫折？

五、辨析题

1．个人所遭遇到的挫折都来自外界，不会受个人因素的影响。

2．挫折具有两面性，我们应正确认识挫折，改变不合理观念。

六、案例分析题

一周前，上海的一家大型外贸公司公开招聘软件工程师，一位青年去参加了面试。一周后，面试结果在公司的网站上公布了，这位青年没有被录取。得到消息的青年深感失望，他从知道消息的那一刻起，就觉得生活好像没有了意义，到了晚上他越来越绝望，甚至起了轻生之念，幸好被来还他修理工具的邻居发现，及时制止。

第二天，公司又发来通知，原来他被录取了。他的成绩排在第二位，但是当时计算机出了故障，所以统计时将他遗漏了。然而，当公司得知他因没被录取而想要轻生后，又决定放弃录取他。就这样，青年失去了进入大型外贸公司的入场券。

【思考】

1．如果你是该外贸公司的人力资源经理，你如何向青年说明不录用他的理由？

2．这一故事给了你什么启示？

____

____

____

____

____

____

____

____

第三节 健康心理，驱散烦恼

知识结构归纳

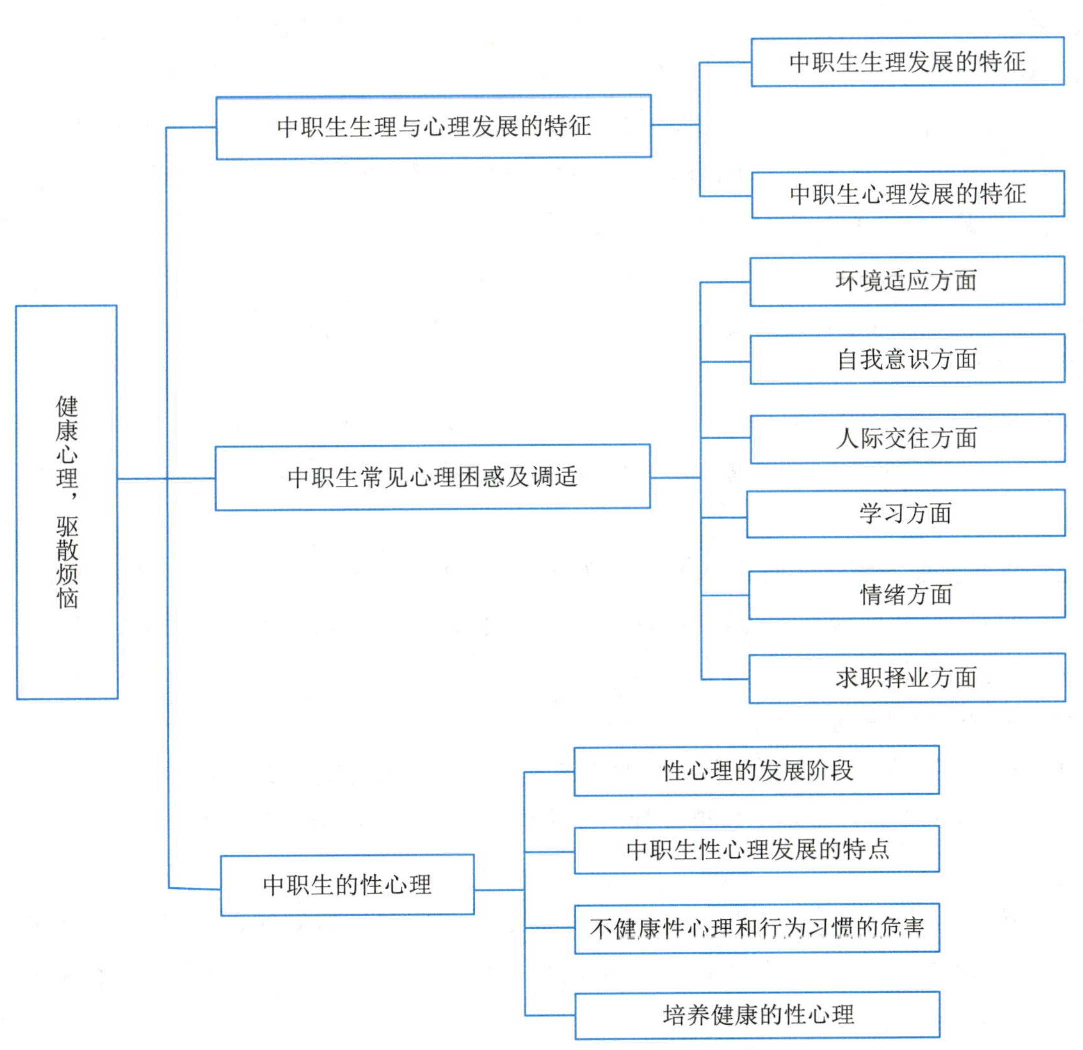

学习指导

1. 中职生生理与心理发展的特征

（1）中职生生理发展特征：身高和体重发生变化；性发育和性成熟；心、肺、脑的功能渐趋完善。

（2）中职生心理发展特征：情绪体验丰富多彩，情绪的波动较大，情绪和情感体验的深刻性和稳定性不断发展；渴望与人交往，乐意与异性交往；抽象思维能力有了提高。

2. 中职生常见心理困惑及调适

（1）环境适应方面：生活环境和方式的变化使中职生一时间难以适应，容易引发抑郁和焦虑等心理问题。为了改善这一情况，中职生需要提高生活自理能力，养成良好的生活习惯。

（2）自我意识方面：中职生渴望拥有与成人平等的社会地位与权利，但是生理和心理的迅速发展，使得他们在缺乏准备的条件下，产生了许多矛盾和困惑，这常让他们处于焦虑之中。此时的中职生应该培养健康的自我意识，做到正确认识自我、积极悦纳自我、自觉调控自我和不断超越自我。

（3）人际交往方面：面对新的人际群体和复杂的人际关系，一些中职生会感到无所适从，不知道该如何更好地与人相处，于是出现了孤独、苦闷、无助等心理体验。要解决人际交往方面的心理问题，中职生要摆正心态，学会尊重他人，掌握人际交往的技巧，还应注意生活中的一些细节。

（4）学习方面：中职生在学习上容易出现学习目的不明确、学习动机不足、学习兴趣丧失等问题。为解决这些问题，中职生应该学会自主学习，找到适合自己的学习方法，也要学会管理和支配自己的时间。

（5）情绪方面：中职生的情绪正处于最丰富、最多变、最复杂的时期，且易受外界环境的影响，不稳定的情绪状态长期持续就会引发各类心理问题。解决情绪困扰最有效的方式是寻求社会支持。

（6）求职择业方面：如何选择适合自己的职业、如何平衡理想与现实的杠杆、如何规划长远的发展目标等一系列问题都会给中职生带来困扰和忧虑。中职生应树立正确的就业观和择业观，积极改进自身不足，培养一定的竞争意识。

3. 中职生性心理的发展阶段

（1）异性疏远期。多指青春期开始的半年至一年时间，这是好奇与懵懂并存的阶段。此阶段的青少年在行为上表现出不愿接近异性、彼此疏远、男女界限分明、喜欢与同性伙伴亲密相处等情况。

（2）异性接近期。在完全进入青春期之后，青少年对异性之间的关系有了进一步的理解和认识，对性意识的情感体验也开始有了新的变化。异性间的羞涩心理较之前大大减少，取而代之的是一种情感的吸引。

（3）两性恋爱期。一般从青年初期的中后阶段开始，其显著标志是情感集中于一个异性，对其他异性的关心明显地减少，喜欢与自己选择的对象单独相处而不太愿意参加集体活动。

4. 中职生性心理发展的特点

① 性意识增强，渴望了解性知识；② 对性的关注及表现上的掩饰性；③ 产生性冲动，形成性冲突；④ 性心理的性别差异性。

5. 不健康性心理和行为习惯的危害

（1）不健康的性心理一经出现，如果不及时进行调适，可能发展成严重的心理问题。轻者会精神涣散、萎靡不振，失去奋斗的动力；重者则可能情绪失控，做出违法犯罪的事情，进而彻底毁掉自己的人生。

（2）中职生的生理和心理都还没有完全成熟，不健康的行为习惯一方面有损身心健康，另一方面可能对当事人的人生产生巨大的影响。

6. 培养健康的性心理

（1）科学地掌握性知识。可以从书籍、网络等正规途径获取科学的性知识，也可以在与同龄人进行交流和沟通的过程中获得。

（2）积极进行自我调适。树立正确的人生观和远大的理想，将主要精力集中在学习和未来发展等方面；积极参加各种智力比赛和体育锻炼，使心理和生理得到充分的放松；建立正常的异性交往关系。

（3）塑造健康的人格。树立健康的观念，培养坚强的意志品格，增强性道德和性法律意识，进而规范自己的行为，克服性冲动带来的心理冲突，合理地调节各种情绪和心态，塑造健康的人格。

生活感悟

早开花的苹果树

雯雯最近总是心不在焉，老师找到她，问她缘由，“孩子，你为什么悲伤？”

“我失恋了。”雯雯伤心地说。

老师了解事情经过后，送给雯雯一首诗：

一棵苹果树正在冬天里做梦，
一阵暖风把梦儿吹醒。
它误认为春天已经来临，
急匆匆把枝头点红。
是你根部积蓄了过多的养分，
还是失去理智过于冲动？
也许是你羡慕春的美好，
竟忘记遵循时令……
冻僵的花瓣伴着残梦，

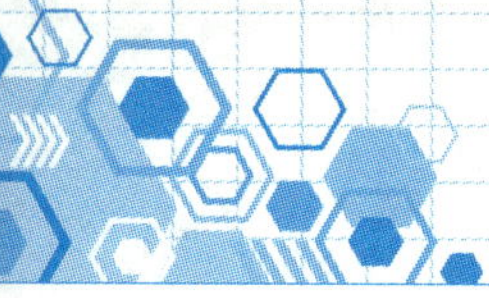

瑟缩地在寒风中飘零。
多么得不偿失啊——
减了春的光彩，
毁了秋的收成。

【思考与感悟】

你怎么理解这首诗歌？你认为应该如何与异性交往？

____

____

____

____

____

____

____

____

____

____

检测训练

一、填空题

1．进入青春期后，男女除性别以外的其他外部差异，被称为____________。

2．中职生生理发展的特征包括____________、____________、____________。

3．中职生的情绪特征包括__________、____________、情绪和情感体验的深刻性和稳定性不断发展。

4．中职生常见心理困惑包括__________、_________、人际交往、_________、_________、__________等方面。

5．要解决人际交往方面的心理问题，首先要__________，转变以自我为中心的处世态度，学会__________。

6．在完全进入青春期之后，随着生理和心理的进一步成熟，青少年的性意识往往带有__________、__________的特点。

7．性科学作为一门综合的学科，能够帮助人们了解自己性心理的发展，学会______________________，从而正确地______________________。

8．对于中职生来说，个人的__________、__________都会决定自我对性的控制程度。

二、单项选择题

1．小刚是某中职学校学生，他觉得自从过了 15 岁之后，自己跑步和游泳都比以前有了很大的进步，这体现了中职生生理发展中（　　）。

A．身高和体重的变化　　B．性发育和性成熟

C．心、肺、脑的功能渐趋完善　　D．骨骼和体型的增长

2．小丽今年进入职业学校学习，因为离家太远需要住宿，她感觉很难去适应这种生活，为改善这种状况，她可以（　　）。

A．提高生活自理能力　　B．保持这个状态

C．等待他人的帮助　　D．用抱怨来解决

3．下列选项中，不属于培养健康自我意识方式的一项是（　　）。

A．正确认识自我　　B．积极悦纳自我

C．自觉调控自我　　D．从不改变自我

4．这段时间，小花只要和班里的男生说话就会感到羞涩和不安，这属于中职生性心理的发展阶段的（　　）。

A．异性厌烦期　　B．异性疏远期

C．异性接近期　　D．两性恋爱期

5．下列选项中，不属于青春期性意识表现和发展相对成熟的阶段标志的是（　　）。

A．不愿接近异性　　B．不太愿意参加集体活动

C．情感集中于一个异性　　D．对其他异性的关心减少

6．在与异性朋友交往时，我们需要做到（　　）。

A．尽力回避，保持距离　　B．落落大方，尊重对方

C．亲密无间，不分彼此　　D．神情忸怩，手足无措

7．关于青少年性心理的性别差异性，下列表述不正确的是（　　）。

A．在对于异性感情的流露上，男生较直接和热烈

B．在对于异性感情的流露上，女生较含蓄而内敛

C．在内心体验上，男生为新奇、神秘和喜悦

D．在内心体验上，女生为冷漠和恐慌

8．关于中职生培养健康性心理的方法，下列说法不正确的是（　　）。

A．科学地掌握性知识　　B．回避任何与“性”相关的话题

C．积极进行自我调适　　D．塑造健康的人格

三、判断题（正确的画“√”，错误的画“×”）

1．中职生只有正确认识自己的变化，接纳自己的性别身份，才能驱散烦恼，健康成长。（　　）

2．中职生已经处于青春期发育的中后期阶段，所以身体的生长速度会逐渐减慢。（　　）

3．每个人的生理发展时间不一样，所以不需要感到奇怪。（　　）

4．我们应该为自己的性意识觉醒感到羞耻。（　　）

5. 性意识增强的中职生会按照异性的要求和希望来塑造自我形象，同时他们也会表达希望异性能够对此做出评价的想法。（ ）

6. 中职生由于生理发育接近成熟，会出现性的欲望与冲动，情不自禁地对异性产生好感和爱慕。这时，只需要远离异性，不与异性来往就好。（ ）

7. 性冲动是正常的，其带来的心理冲突也是正常的，所以没有必要去克服。（ ）

8. 不健康的性心理不及时进行调适，也不会产生什么严重的后果。（ ）

四、简答题

1. 简述中职生心理发展的思维特征。

2. 中职生如何通过积极的自我调适应对不良的性心理困扰？

五、辨析题

1. 中职生应该了解不健康性心理和行为习惯的危害，养成健康向上的生活方式。

2. 处于异性接近期的中职生会减少对其他异性的关心，而喜欢与自己选择的对象单独相处。

六、案例分析题

学校即将迎来一年一度的文化艺术节，班级里的学生都为那天的晚会节目紧锣密鼓地排练着。小欣作为班长，看同学们都这么辛苦，想要准备一些小礼物犒劳同学们，她打算和学习委员小丛商量一下买什么礼物。为了给同学们一个惊喜，他们把商讨的地点选在了校园里的凉亭，不料恰巧被班里的--个女生看到了。

两人回到教室后，发现同学们对他们指指点点，还窃窃私语。面对这样的情景，两人尴尬得不知如何是好，礼物准备的想法也没有再继续下去。甚至在这之后，小欣和小丛很久都没有说过话。

【思考】

1．为什么小欣和小丛两个人会如此尴尬？

2．案例中的学生正处于性心理发展的哪个阶段？这一阶段的青少年与异性交往有什么特点？

第四节　由表及里，管理情绪

知识结构归纳

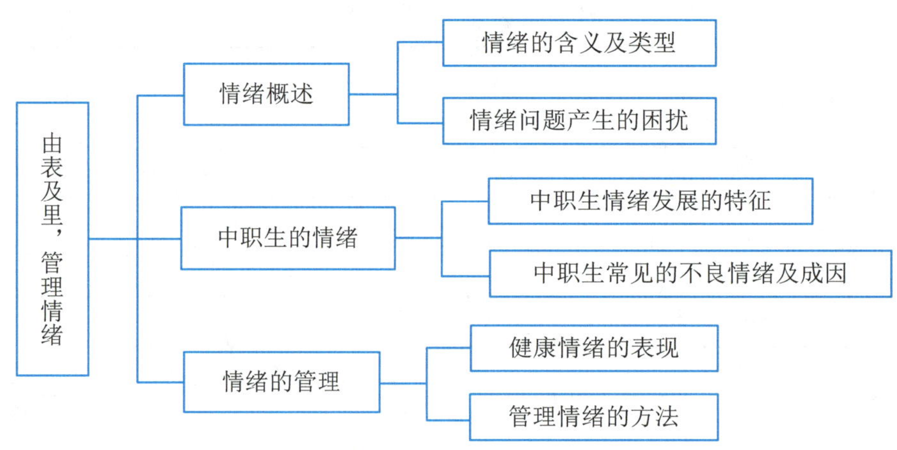

学习指导

1．情绪

从心理学角度来讲，情绪是个人的主观体验和感受，是对外界刺激所产生的心理反应及附带的生理反应。情绪主要包含情绪体验、情绪行为和情绪唤醒三种成分。

2．情绪的基本类型

四种基本情绪包括快乐、悲哀、愤怒和恐惧。

3．情绪问题产生的困扰

情绪可以通过大脑来影响心理和生理活动，受到强烈的外部刺激或长期处于消极的情绪状态下，刺激通过神经作用于大脑，经过大脑的分析加工产生过激或消极的情绪体验，这种不良的情绪体验受到压抑便会导致心理的失衡，引起正常生理功能的减弱或紊乱。反过来，身体的不适和病痛又会引起不良情绪的产生和积压，引起生理指标进一步变化。

4. 中职生情绪的发展特征

（1）稳定性与波动性。随着智力水平和文化修养的提高，对社会认识和人生理解的深入，中职生对自己的情绪有了一定的管控能力。但生理和心理发展的不平衡性，使其情绪波动性较为明显。

（2）冲动性与爆发性。中职生精力充沛，感情丰富，对外界事物较为敏感，在遇到外界刺激或重大突发事件时容易冲动。一旦受到某种强烈的外部刺激，情绪便会突然爆发，以至语言、动作和行为等方面失去控制，导致破坏性的后果。

（3）外显性与内隐性。中职生对外界刺激比较敏感，反应比较迅速，情绪表现较之成年人更加直接和外露。但随着自我意识和社会意识的发展，中职生的内涵更加丰富，自制力逐步增强，情绪表达方式逐渐变得隐晦和含蓄。

5. 中职生常见的不良情绪

① 焦虑；② 抑郁；③ 恐惧；④ 易怒；⑤ 自卑；⑥ 冷漠。

6. 健康情绪的表现

（1）目的明确，表达恰当。个体能通过言语、表情和行为准确地表达自己的情绪，能够以符合思维规律和现实情境的方式宣泄情绪。

（2）情绪稳定，积极乐观。个体的情绪较为稳定，波动性不大，且多以乐观的心境为主，积极情绪多于消极情绪，可以轻松、愉快地面对生活。

（3）反应适度，管理得当。个体情绪表现的持续时间和强烈程度都很适当，符合引起情绪的现实情境，不会过于强烈或过于冷漠；在情绪出现时能有效地自我控制，将消极的情绪转化为积极的情绪，将激情转化为冷静。

7. 管理情绪的方法

（1）正确表达情绪。正确地表达情绪是保持健康情绪最根本的要求。一方面，中职生应在适当的情境正确地表达自己的情绪体验。另一方面，中职生情绪反应的强度和持续时间应与引发情绪的刺激强度相适应。

（2）调整不良情绪。

① 适度宣泄：可以采取合理的方式坦率地表达自己的情绪体验，也可以向他人倾诉、进行艺术创作和求助心理医生。

② 转移调节：当某种不良情绪产生时，可以通过有意识地转移注意力来进行调节和控制。

③ 行为补偿：将消极的情绪转化为行动的力量，进而获得积极的情绪体验，以求得心理补偿和平衡。

④ 自我暗示：通过积极的自我暗示来激励自己，从而放松紧张的心情，使不良情绪得到缓解。

⑤ 转换认知角度：从积极的方面去看待引发不良情绪的事件，纠正认知偏差，以消除不良情绪。

（3）培养健康情绪：① 保持积极的心态；② 学会宽容；③ 广交朋友；④ 自我激励；⑤ 幽默调节。

生活感悟

控制情绪的玻璃球

安妮是一个脾气暴躁、情绪波动极大的女孩，经常因为小事和别人吵架，她的人际关系因此愈来愈紧张。

此时的安妮已经处于崩溃边缘。她打电话向朋友安迪求救。安迪告诉她："你现在要做的第一件事是让自己冷静下来，好好调整一下自己的心态，慢慢地，一切都会好起来的。"听了安迪的话，安妮休了一个长假，好好地放松了一下。

当她的状态趋于稳定的时候，安迪又建议道："在你发脾气之前，不妨冷静下来想一想，究竟是什么原因让你如此生气。当下你可以有两种解决方法，一种是爆发出来，另一种则是克制住情绪，之后再解决。"接着，安迪拿出了两个透明的刻度瓶，里面分别装了一半刻度的清水，随后又拿出了两个塑料袋。

安妮打开塑料袋，发现分别装着透明的和蓝色的玻璃球。安迪说："当你生气的时候，就把一颗蓝色的玻璃球放到左边的刻度瓶里；当你克制住坏情绪的时候，就把一颗透明的玻璃球放到右边的刻度瓶里。"

此后的一段时间内，安妮一直照着安迪的建议去做。一个月后，两个人把两个刻度瓶中的玻璃球都捞了出来。这时，蓝色玻璃球的刻度瓶里的水变成了蓝色。原来，这些蓝色玻璃球是安迪把水溶性蓝色涂料涂到透明玻璃球上做成的，这些玻璃球被放到水中后，蓝色染料溶解，水就变成了蓝色。

安迪借机对安妮说："你看，原来的清水投入'坏脾气'后，就被污染了。而你的言行举止就像玻璃球一样，是会感染别人的。当心情不好的时候，要控制自己。否则，坏脾气一旦投射到别人身上，就会对别人造成伤害，再也回不到以前了。所以一定要控制好自己的情绪和言行。"

安妮后来发现，当学会控制自己的情绪后，真的不会乱发脾气了，事情也容易理出头绪。

当安迪再次造访的时候，两个人又惊喜地发现，那个放透明玻璃球的刻度瓶竟然溢出水来了。此时的安妮已经能够熟练地控制自己的情绪，每当有不好的情绪将要出现时能很快发现，当情绪即将失控时也能及时制止。从此，安妮的人际关系变得越来越和谐，生活也越来越美好。

【思考与感悟】

假如你在生活中遇到像安妮一样的情况，你会如何解决？

____

____

____

____

____

____

____

____

____

____

____

检测训练

一、填空题

1．情绪是个人的主观体验和感受，是对外界刺激所产生的__________及附带的__________。

2．四种基本情绪包括__________、__________、__________、__________。

3．积极的情绪能够改善人的精神面貌，促进人的_______、_______、_______、_______等心理活动。

4．中职生常见的不良情绪包括_________、_________、_________、_________、_________、_________。

5．中职生情绪发展往往有_________________________、_________________________、_________________________的特征。

6．个体对外界刺激缺乏相应的情感反应，对生活中的悲欢离合无动于衷、漠不关心的情绪状态，通常是压抑_______________和_______________的消极表现形式。

7．__________________是保持健康情绪最根本的要求。

二、单项选择题

1．下列选项中，属于情绪的是（　　）。

A．对艺术作品的欣赏　　B．高考被录取带来的喜悦

C．助人为乐的幸福感　　D．对祖国的热爱

2．下列选项中，不属于情绪主要成分的是（　　）。

A．情绪倾向　　B．情绪体验

C．情绪行为　　D．情绪唤醒

3．在美国北部一所中学有一名足球队教练，有一次他的球队在连续获得 10 次比赛胜利后输了球，他却高兴地说："太好了！我们终于可以集中精力赢球而不必担心输球了！"这位教练在输球后的态度表明（　　）。

A．他不能正确对待输球和赢球　　B．他对比赛结果无所谓

C．输球是件令他高兴的事　　D．他善于调节自己的情绪

4．俄国著名诗人普希金在诗中写道：“假如生活欺骗了你，不要悲伤，不要心急！忧郁的日子里需要镇静，相信吧，快乐的日子将会来临！”这首诗说明了（　　）。

A．情绪是会自己转变的　　B．学会正确认识与评价自己

C．要学会掌控自己的情绪　　D．要有广泛的兴趣

5.“人生不如意，十有八九”。在你心情不好、做事不顺利的时候，正确的调节方式是（　　）。

A．有意识地转移话题　　B．向亲人倾诉

C．幽默和自我安慰　　D．以上都对

6．当小谷生气时，他总会在心里默念“冷静”“三思而后行”，这种方式属于（　　）。

A．自我暗示　　B．转移调节

C．行为补偿　　D．转换认知角度

7．关于管理情绪的方法，下列说法不正确的是（　　）。

A．要正确表达情绪　　B．要调整不良情绪

C．要培养健康情绪　　D．要抑制所有情绪

三、判断题（正确的画“√”，错误的画“×”）

1．我们每个人都处在不断变化的情境当中，情绪也会随之发生一定的变化。（　　）

2．人们除了快乐、悲哀、愤怒和恐惧四种基本情绪外，还能派生出许多复合的情绪，如焦虑、抑郁、冷漠等。（　　）

3．当人们的需要得到满足、愿望得以实现，就会产生积极的情绪。（　　）

4．哭泣不仅是表达感情的一种方式，也是一种心理保护措施。（　　）

5．当某种不良情绪产生时，可以通过有意识地转移注意力来进行调节和控制。（　　）

6．当产生不良情绪时，可以找别人吵一架或打一架发泄出来。（　　）

7．中职生可以坦率地表达自己的情绪体验。（　　）

8．不良的情绪会引起身体的不适，而身体的不适又会导致不良情绪的产生和积压。（　　）

四、简答题

1．简述健康情绪的表现。

2．中职生要如何培养自己的健康情绪？

五、辨析题

1．情绪是不能调节和控制的，在情绪面前每个人都无能为力。

2．转移调节是从积极的方面去看待引发不良情绪的事件，纠正认知偏差，以消除不良情绪。

六、案例分析题

济南某职业学校一名二年级女生在图书馆自习时，突然抽搐，全身僵硬，被送到医院抢救20分钟后才恢复正常。

据了解，这名女生是学生干部，一个月前由于家里发生变故，耽误了上课。现在马上要临近期末考试了，她每天都忙着复习和补课。她认为自己身为学生干部，应该起到榜样的作用，如果考试成绩不好，一定会被同学耻笑。她为此而感到焦虑、紧张和不安，有时觉得自己怎么复习也追不上别人，有时觉得科目过多，不知该从何下手，时常感觉力不从心。因考试临近，寝室的个别同学会复习到很晚，有时夜里一两点钟还有人窃窃私语，这严重影响了她正常的休息。她怕影响寝室关系，不能直说，只能将不快积压在心里。

【思考】

在这个案例中，这名女生的根本问题是什么？你认为她该如何调整自己的状态？

第三章

立足专业　谋划发展

第一节　专业起步，提升职业素养

知识结构归纳

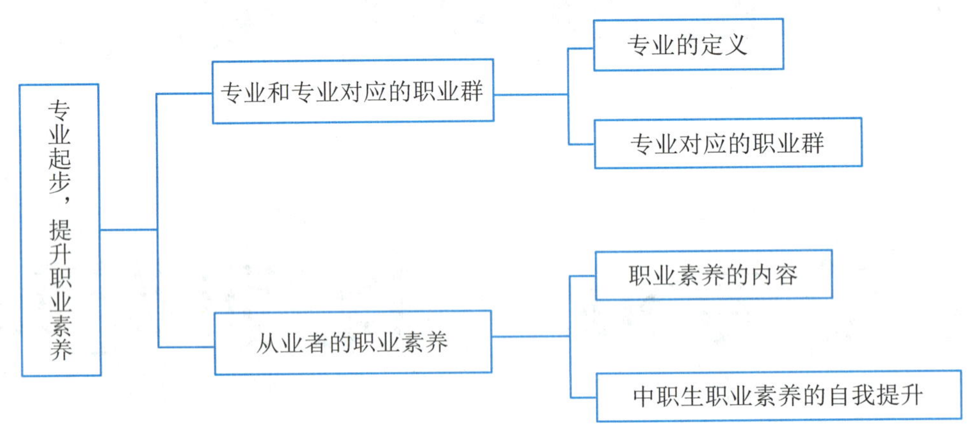

学习指导

1．专业的定义

专业是根据学科分类或生产部门的分工把学业分成的门类。专业并不是自古就有的，而是社会分工的产物，专业的细化体现了社会分工的细化。

2．职业群的含义

职业群又称职业岗位群，是职业岗位之间相互联系的职业系统。一个专业往往对应一个职业或者一个职业群。

3．适合中职生发展的职业群

（1）适合中职生横向发展的职业群。其主要表现为首次就业的择业方向及岗位或今后可能转岗的职业，即所学专业所对应的就业岗位。

（2）适合中职生纵向发展的职业群。其主要表现为技术等级和职务的提升，是中职生职业生涯发展潜在的岗位。

4. 职业素养的含义

职业素养是指职业内在的规范和要求，是在从业过程中表现出来的综合品质。

5. 职业素养的内容

职业素养包括职业道德、职业技能、职业行为习惯和职业意识。

职业道德的具体表现如下：① 爱岗敬业，忠于职守；② 遵纪守法，诚实守信；③ 和睦互助，团结协作；④ 服务群体，奉献社会；⑤ 勇于竞争，不断创新。

职业意识包括就业意识和择业意识。其中，就业意识是指从业者对自己从事的工作和任职角色的态度或看法；择业意识是指从业者对所从事职业的倾向。

6. 中职生职业素养的自我提升

（1）增强自信心。自信心决定着中职生对自己能力的判断，能够使中职生认可自己的能力和价值，保持积极、进取的工作态度。

（2）学会调整心态。良好的心态可以帮助我们客观全面地评价自己，正视自己的优缺点，从而在以后的工作中扬长避短。

（3）提高沟通能力。有效的沟通可以帮助我们建立良好的人际关系，提高办事能力。

（4）培养创新能力。在培养创新能力的过程中，要不断突破自己的思维惯性、消极态度、自卑心理和僵化心理等。

生活感悟

年轻人需要的优秀品质

你的责任心，你希望把事情做好的动力，会驱动你做更多事情，让你得到很大的锻炼。那么，优秀的年轻人应该有哪些特质呢？

有好奇心，能够主动学习新事物、新知识和新技能

我们身边不乏这样的人——理论基础挺好，但没有主动学习新知识、新技能的意识，每次都是把本职工作做完就下班，个人能力越来越局限。但如果是有好奇心的人，就会想要了解更多知识、乐意学习并掌握新技能，使个人能力越来越强大。

对不确定性保持乐观

只要你对事情的不确定性保持乐观态度，你会更愿意去尝试。

不甘于平庸

不甘于平庸很重要。所谓不平庸，并不是指薪酬要很高或技术很好，而是你对自己的要求一定要高。也许你前两年变化得慢，但 10 年后再看，肯定会有惊喜。

不“傲娇”，要能延迟满足感

职场中有一些年轻人，他们的素质和技术都相当不错。但是，他们有些自负，总觉得其他同事不如自己，很多基础的工作他们都不愿意做，或者需要跟同事配合的工作，也配合得不

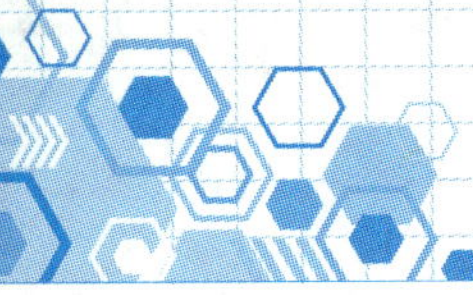

好。在部门中，他们的能力确实突出，但并不是最好的。

本来都是资质非常好的人才，人非常聪明，动手能力也强，但就是控制不好自己的“傲娇”情绪，看不到自身的不足。

肯去做，负责任，不推诿

肯去做，负责任，不推诿，这些优秀的职业品质是需要年轻人学习的，是职场新人的必备技能。

【思考与感悟】

根据上述材料，你会从哪些方面提升自己的职业素养？请举例说明。

____

____

____

____

____

____

____

____

____

____

检测训练

一、填空题

1. 专业是________的产物，专业的细化体现了________的细化。
2. 职业群又称________，是________之间相互联系的职业系统。
3. 适合中职生横向发展的职业群主要表现为________________________________。
4. 适合中职生纵向发展的职业群主要表现为________和________的提升。
5. 职业素养的内容包括________、________、________、________。
6. ________是从业者职业活动的行为准则和要求。
7. 定期整理工作心得或学习笔记是良好的________。
8. 职业意识是从业者根据职业的需求表露出的心理情感，包括________和________。
9. ________决定着中职生对自己能力的判断，能够使中职生认可自己的能力和价值，保持积极、进取的工作态度。
10. 职业技能是指从业者在________和________方面表现出来的状况和水平。

二、单项选择题

1．下列选项中，属于职业道德的是（ ）。

A．爱岗敬业　　B．掌握职业技能

C．发掘职业兴趣　　D．选择任职角色

2．下列选项中，不属于从业者“软技能”的是（ ）。

A．沟通能力　　B．情绪控制能力

C．人际关系处理能力　　D．专业技术能力

3．下列选项中，不能提高从业者沟通能力的是（ ）。

A．了解沟通禁忌　　B．保持良好的心态

C．掌握沟通技巧　　D．学会换位思考

4．下列选项中，体现了中职生纵向发展职业群的是（ ）。

A．会计专业毕业后，逐步考取初级会计职称、中级会计职称及高级会计职称

B．会计专业毕业后，到某互联网公司从事出纳岗位

C．会计专业毕业后，到某工业企业从事会计岗位

D．会计专业毕业后，考取注册会计师从业资格证书

5．下列说法中，表述错误的是（ ）。

A．就业意识是从业者对自己从事的工作和任职角色的态度或看法

B．职业意识既可以影响个人的就业和择业方向，也可以影响整个社会的就业状况

C．职业意识就是择业意识

D．中职生应能够将专业技能转化为职业技能

6．“闻道有先后，术业有专攻，如是而已”是对（ ）最好的诠释。

A．专业　　B．职业群　　C．学科　　D．职业

7．下列有关培养创新能力的说法中，表述错误的是（ ）。

A．创新能力是一种可以训练、提高，并最终习惯化的技能

B．培养创新能力需要突破自己的思维惯性、消极态度、自卑心理和僵化心理

C．培养创新能力无须系统性的创新能力培训

D．中职生培养创新能力需要在广泛的学习、生活实践中不断提升自己的心理素质

三、判断题（正确的画“√”，错误的画“×”）

1．一个专业往往对应一个职业或者一个职业群。（ ）

2．适合中职生横向发展的职业群主要表现为中职生职业生涯发展潜在的岗位。（ ）

3．职业道德是从业者在职业活动中遵循的道德准则、道德情操和道德品质的总和，是从业者职业活动的行为准则和要求。（ ）

4．中职生应当根据市场经济的要求，不断调整和充实自己，提高自身职业素养，增强谋生的本领，从而使自己更好地就业或创业。（ ）

5．培养创新能力需要突破自己的思维惯性、消极态度、自卑心理和僵化心理。（ ）

四、简答题

1．简述职业道德的具体表现。

2．中职生应如何提升职业素养？

3．简述适合中职生横向发展职业群的主要表现及优点。

五、辨析题

1．没有职业行为习惯，职业兴趣就只剩下空想。

2．中职生只要选择适合纵向发展的职业群即可。

六、案例分析题

2020 年 5 月 2 日，扬州工业职业技术学院电商直播学院近千名学生同时开启网络直播，为湖北“带货”，助力湖北秭归脐橙、茶叶等农特产品销售。进行直播“带货”是该学院专业实践的一部分，也是学生从直播“小白”到真正主播的必经之路。

一场真正的直播活动，不仅要有主播，还要有专业的团队为直播服务，如负责统筹的项目负责人，负责文案写作的策划，直播运营、场控、副播等。在电商直播大热的环境下，电商直播行业急缺专业人才，不仅缺“带货”主播和达人，而且缺策划文案人才、主播运营人才和直播运营人才等。

该学院领导强调：“在人才培养的前期，我们采用标准化人才培养体系，培养一批直播电商管理者和短视频创作者，其中也包括‘带货’达人。到后期，我们会对有潜力的学生进行开放式培养，根据其特点、专长，将其培养成专业人才。”

扬州工业职业技术学院电商直播学院电子商务专业（直播电商方向）既有精英班，也有面向所有专业学生的兴趣班。目前，该专业的理论课程主要包括商业素养、新媒体素养、综合素养等方面，既有市场分析、营销策划、短视频制作、新媒体运营与数据分析、企业管理等课程，也有琴棋书画、唱歌跳舞、插花养生等课程。

“我们不是局限于教会学生如何介绍一款产品、如何化妆上镜，而是重点培养学生市场洞察能力、创意文案写作与营销策划能力、新媒体内容生产能力、全媒体营销能力及新媒体运营与数据分析能力等职业素养。”对于自然地面对镜头的适应能力、口语表达能力、临场应变能力及才艺能力等综合素养，也都安排在教学和训练范围内。这样学生未来就可以胜任更多种类的工作。

【思考】

1．电商直播专业所对应的横向发展职业群有哪些？

2．电商直播专业人才需要具备哪些职业素养？

3．假如你是电商主播，你会从哪些方面提升自己的职业素养？

第二节　精益求精，践行工匠精神

知识结构归纳

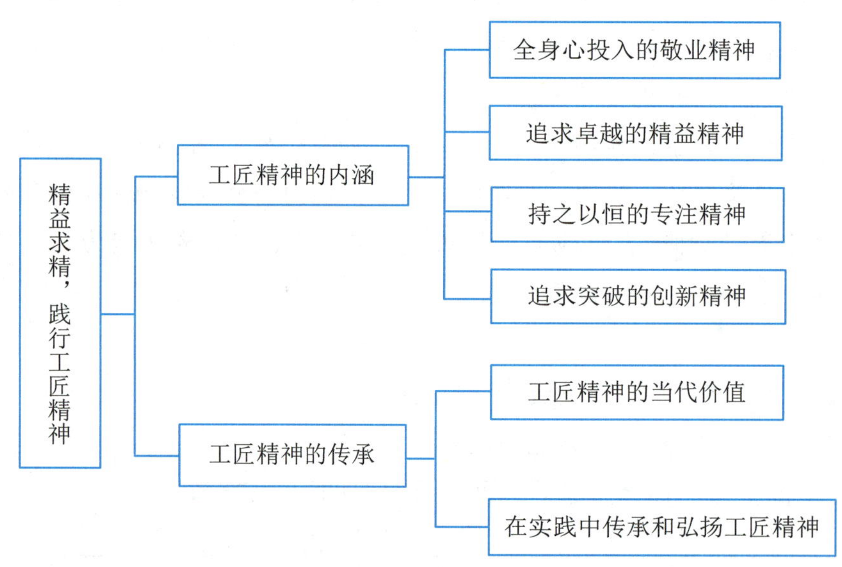

学习指导

1. 工匠精神的内涵

（1）全身心投入的敬业精神。敬业精神是人们基于对一件事情、一种职业的热爱而产生的一种全身心投入精神，是社会对从业者工作态度的道德要求，其本质是奉献精神。

（2）追求卓越的精益精神。精益精神是对精品的执着、坚持和追求，是从业者对每件产品、每道工序都凝神聚力，追求极致的职业品质。精益求精的过程是反复改进，不断完善，将品质从99%提高到99.99%的过程。

（3）持之以恒的专注精神。专注是内心笃定，着眼于细节的耐心、执着和坚持，是大国工匠必备的精神特质。

（4）追求突破的创新精神。追求突破的创新精神意味着工匠必须把“匠心”融入生产的每个环节，既要有对职业敬畏、对质量严苛的职业精神，又要有追求突破、追求革新的创新活力。

2．工匠精神的当代价值

（1）工匠精神是中国制造的灵魂。为了实现中国从全球制造大国到制造强国的转变，迎头赶上世界制造强国的步伐，成功达成中国制造 2025 战略目标，就必须在全社会大力弘扬以工匠精神为核心的职业精神。

（2）工匠精神是企业竞争的资本。工匠精神是企业品牌的重要体现，也是培育企业品牌知名度、美誉度及顾客忠诚度的有效途径，更是企业品牌价值增值的重要来源。

（3）工匠精神是个人成长的指引。工匠精神作为一种职业精神，是我们提升个人精神追求、完善个人职业素养、实现个人成长进步的重要道德指引。

3．在实践中传承和弘扬工匠精神

作为中职生，我们可以通过毕业设计、社会实践、社会兼职等活动，在劳动过程中不断探索、创新，在实践中培养吃苦耐劳精神，切实传承、践行精益求精的工匠精神。

生活感悟

大国工匠，挺起中国制造的脊梁

国以才兴，业以才立。从制造大国向制造强国转变，离不开庞大的高技能人才队伍。针对大国工匠与中国制造的关系，5 位高技能人才队伍建设工作者——人力资源和社会保障部职业能力建设司司长张立新，中铝集团云南冶金昆明重工车工、高级技师耿家盛，德州恒丰纺织集团细纱挡车工、高级技师王晓菲，中国商用飞机有限责任公司党委委员、人力资源部部长沈大立，中国石油辽河油田欢喜岭采油厂采油作业工、高级技师赵奇峰，分享了他们的故事和观点。

筑就“工匠魂”：高技能人才队伍快速集聚成长

“伴随改革开放的春风，我国高技能人才队伍建设有了很大进步。特别是党的十八大以来，高技能人才的数量大幅增长、地位不断提升，为制造业强国建设发挥了重要作用。”张立新说。

政策引领，让匠心回归。党的十八大以来，党中央、国务院对高技能人才队伍建设做出一系列重大决策部署。截至 2018 年，全国技能劳动者总量已超过 1.65 亿人，高技能人才达到了 4 791 万，分别较 2012 年增长了 23%和 39.3%。

“这几年，我感到国家越来越重视我们技术工人，切实提高技术工人待遇的政策层出不穷，让身处基层一线的技工感到有希望、有价值。”赵奇峰说，“我所在的中国石油建立了九级技能人才晋级通道，在以往初、中、高工，技师，高级技师的基础上增加了首席技师、油田公司专家和集团公司专家的级别。高技能人才、技术工人有了创新、创效、传承、交流的平台，施展才华、

奉献才智的空间也越来越大。”

练就“工匠术”：开展职业培训解决人才结构性矛盾

当前，创新型高技能人才已经成为引领经济社会转型发展的新动能。我国对此类人才的需求比以往任何时候都迫切。职业培训铺就幸福路。培养高技能人才，解决人才结构性矛盾最有效的举措是广泛开展职业培训。

从高校毕业生技能就业行动，到农民工职业技能提升“春潮行动”；从高技能人才培训基地，到技能大师工作室……在人社部门的努力下，6 年间，国家层面共建设 591 个高技能人才培训基地、743 个国家级技能大师工作室，实施了多批次技师培训项目，带动地方同步推进省市级项目建设，高技能人才培养能力得到大幅提升。

提升“工匠力”：让高技能人才得到丰厚回报

从 2016 年到 2018 年，“工匠精神”三度被写入《政府工作报告》。但在现实中，企业职工和青年学生学习技能的积极性不高，技能岗位的吸引力不强，社会认同度不高的现象依然存在。

王晓菲认为，工匠精神是非常值得弘扬和传承的。现在企业的青年职工，要有时不我待的紧迫感，技不压身，趁现在打好基础，为以后的职业发展奠定基础。

没有高技能人才，很难撑起高质量发展。“商用飞机的产业人才在全球范围内都具有竞争性，高端人才更加稀缺。”沈大立建议，通过跨界培养技术、技能“双师型”人才，让专注于创新的技能人才能够得到丰厚回报，提升他们的“工匠力”。

【思考与感悟】

分组讨论大国工匠精神的具体表现，谈谈我们该如何践行工匠精神。

____

____

____

____

____

____

____

检测训练

一、填空题

1．工匠精神的内涵包括____________、____________、____________、____________。

2．敬业精神的本质是____________。

3．精益精神是对精品的执着、坚持和追求，是从业者对每件产品、每道工序都凝神聚力，____________的职业品质。

4．专注是____________，着眼于细节的耐心、执着和坚持，是大国工匠必备的精神特质。

5．追求突破的创新精神意味着既要有____________、____________的职业精神，又要富有追求突破、追求革新的创新活力。

6．为了实现中国从全球制造大国转变为制造强国，就必须大力弘扬以____________为核心的职业精神。

7．工匠精神是____________的重要体现，也是培育企业品牌知名度、美誉度及顾客忠诚度的有效途径，更是企业品牌价值增值的重要来源。

8．工匠精神作为一种职业精神，是我们提升个人精神追求、完善个人职业素养、实现________________的重要道德指引。

二、单项选择题

1．中华老字号全聚德烤鸭能够驰名世界体现了（　　）。

A．中国制造的灵魂

B．企业竞争的资本

C．个人成长的指引

D．企业的行为表现

2．下列说法中，表述错误的是（　　）。

A．“天下大事，必作于细”体现了追求卓越的精益精神

B．具备高尚的职业操守和强烈的工匠精神也是立足职场的重要条件

C．中国制造要实现由“重量”到“重质”的突围

D．“术业有专攻”体现了追求卓越的精益精神

3．下列选项中，不属于工匠精神内涵的是（　　）。

A．从业者对产品精雕细琢的信念

B．不断改善工艺、享受产品升华的精神追求

C．认真踏实、恪尽职守、精益求精的工作态度

D．循规蹈矩、拘泥于一格的“匠气”

三、判断题（正确的画“√”，错误的画“×”）

1．我国早已成为世界第一的制造强国，被誉为“世界工厂”。（　　）

2．工匠精神属于职业精神的范畴，是从业者的一种职业价值取向和行为表现。（　　）

3．《庄子》中记载的游刃有余的厨师庖丁、《核舟记》中记载的奇巧人王叔远都体现了追求卓越的精益精神。（　　）

4．工匠精神中的执着、坚持、专注绝不等同于循规蹈矩、拘泥于一格的“匠气”。（　　）

5．中职生由于年龄小，尚不具备践行工匠精神的能力。（　　）

四、简答题

1．中职生应如何践行敬业精神？

2．简述工匠精神的当代价值。

3．作为中职生，应当如何传承和弘扬工匠精神？请举例说明。

五、辨析题

1．精益精神是将品质从 99%提高到 99.99%的过程。

2．追求突破的创新精神意味着工匠必须把“匠心”融入生产的每个环节。

六、案例分析题

从“中国制造”到“中国创造”，飞驰在神州大地的高速铁路列车实现了由“追赶者”到“领跑者”的伟大跨越。而在这场跨越中，技术工人是当仁不让的创新主角。铁路车辆装调工罗昭强，对工作和产品精雕细琢、精益求精，这是一种情怀，一种执着，一份坚守，一份责任，他身体力行地见证了敬业、专注、创新的工匠精神。

过去数十年间，中车长春轨道客车股份有限公司铁路车辆装调工、高级技师罗昭强在高铁生产一线中精耕细作，不断攀越高峰，从未止步。

复兴号——具有完全自主知识产权、达到世界先进水平的动车组列车，调试是它在厂内的最后一道生产工序，罗昭强和他的工友要保证每一列“复兴号”安全出厂。在首批“复兴号”中国标准动车组的出厂调试中，他率领团队完成了数十项调试方法的创新，实现了“消化、吸收”到“再创新”的跨越。其中，他研发的高铁模拟装置，开创了利用模拟手段对从事高铁车辆调试工作的操作员工进行培训的先河。

这些年来，罗昭强先后完成17项实用新型专利，540件已在动车组调试中得到广泛应用的创新成果，是唯一一位获得中国中车科技成果奖的蓝领工人。

【思考】

1．罗昭强是如何践行工匠精神的？

2．罗昭强身上有哪些精神感染了你，你打算如何向他学习？

第四章

和谐交往　快乐生活

第一节　感恩父母，建立和谐亲子关系

知识结构归纳

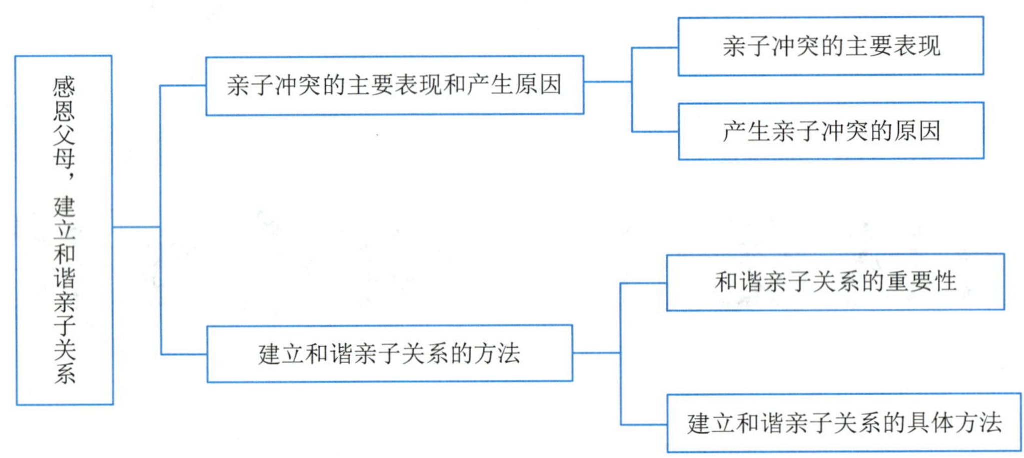

学习指导

1．亲子冲突

亲子冲突指父母和孩子在目标、观念、需要、意见、期望上，由于彼此的不一致而造成的双方在认知、行为、情绪上的矛盾或对立。

2．亲子冲突的主要表现

（1）言语冲突：亲子双方在面对一些事情看法不一致时容易产生争论。若在争论中双方情绪失控，言语也会逐渐变得粗暴且具有攻击性，从而引发冲突。

（2）身体冲突：父母在对子女进行教育时，不考虑子女的人格与尊严，对子女进行体罚。正处于青春期的子女，情绪多变且容易冲动，面对身体的伤害可能会对父母进行反击。

（3）隐性冲突：就是通常所说的“冷暴力”“软暴力”等。

3. 产生亲子冲突的原因

（1）父母对子女的态度：① 忽视；② 专制；③ 娇纵。

（2）子女的心理发展因素。青少年逆反心理增强，并表现出前所未有的独立性和封闭性。因此，当他们和父母协商解决问题时变得更加独断，他们会努力改变自己的地位，挑战家长的权威性，不再表现出对家长一味地顺从。但是，父母却很难迅速地调整自己的心态，以适应孩子心理上的巨大变化。

4. 和谐亲子关系的重要性

① 给予孩子爱、自信心和安全感；② 有助于孩子形成较强的心理韧性。

5. 建立和谐亲子关系的具体方法

① 要自觉地尊敬父母；② 多与父母谈心，缩短感情距离；③ 谨记三思而后行；④ 温和地处理分歧和矛盾。

生活感悟

感恩伟大的母亲

母亲是黑夜里守候的灯塔
无论道路泥泞
总可以让我找到回家的路
母亲是一坛陈年的老酒
时光流走，爱和牵挂不变
愈发醇美
母亲是我孩提时温柔的呵护
无论有多少伤痛
轻轻的爱抚会让我勇敢擦干眼泪
在风雨中挺起胸膛
母亲是我天地间幸福的源泉
母亲是我心灵中永恒的家
母亲您在，爱就在……

【思考与感悟】

读了这首感恩母亲的诗歌，你有什么感悟？

____

____

____

____

____

____

____

检测训练

一、填空题

1. 亲子冲突指父母和孩子在目标、观念、需要、意见、期望上由于彼此的不一致而造成的双方在________、________、________上的矛盾或对立。

2. 在生活中，亲子间在争论中情绪失控，言语逐渐变得粗暴且具有攻击性而产生的冲突即为________。

3. 在亲子相处中，孩子情绪受挫，却没有足够的力量与父母进行对抗时，可能会倾向于选择较为安全的__________来表达自己的不满。

4. 进入青春期后，青少年逆反心理增强，表现出前所未有的__________和__________。

5. 父母容易用自己的价值标准去要求子女，以__________对待子女，甚至以__________压制子女意愿。

6. 当父母给予孩子肯定、赞美、鼓励和支持，将有助于孩子获得__________与__________。

二、单项选择题

1. 孩子与父母冷战，属于亲子冲突主要表现中的（　　）。

A. 言语冲突　　B. 肢体冲突

C. 断绝关系　　D. 隐性冲突

2. 小林的父母从小对他娇生惯养、百依百顺。现在小林在外经常欺负别人、打架斗殴，而父母已经无法管教他了。这源自父母对其的（　　）。

A. 忽视　　B. 严格

C. 专制　　D. 娇纵

3. 小郭对自己的朋友抱怨道，自己总是和父母因为穿衣和零花钱的问题吵架，很厌烦他们管自己。小郭的行为体现了（　　）。

A. 青春期的孩子越来越叛逆

B. 青春期的孩子独立意识增强

C. 孩子长大后和父母的矛盾会变多

D. 孩子不关心父母

4．在一次数学考试中，因为题很难，小米的分数刚刚及格，爸爸不问青红皂白就批评了她。小米虽然心里很委屈，但她想爸爸也是在关心自己，所以她选择了委婉地向爸爸解释。这说明她做到了（　　）。

A．理解父母的想法　　B．抑制消除自己的情绪

C．关心父母健康　　D．不和父母有不同的意见

5．小凡最近参加了一档节目，他的目标是获得三等奖，奖品是按摩椅，可以送给父母。这说明他（　　）。

A．对父母盲目顺从　　B．懂得关心父母

C．不懂得关心自己　　D．为了获得别人的赞美

6．随着年龄的增长，我们和父母可能会有不同的意见。对此，我们应该做到（　　）。

A．冷漠对待，不理睬它

B．服从父母的所有意见

C．与父母进行良好沟通，达成共识

D．千方百计说服父母听从我们的意见

7．亲子关系不和谐，可能导致孩子的行为问题不包括（　　）。

A．离家出走　　B．关注自身形象

C．早婚早孕　　D．药物滥用

三、判断题（正确的画“√”，错误的画“×”）

1．父母和孩子都应该为亲子冲突的发生负责。（　　）

2．亲子冲突在生活中通常会以言语或非言语的方式表现出来，包括沉默不语、情绪失控或者互相攻击。（　　）

3．孩子永远是孩子，应该对父母绝对服从，只有这样，才能更好地长大成人。（　　）

4．子女与父母之间的冲突是正常的，所以我们可以任其自然发展。（　　）

5．父母与子女之间存在“代沟”且无法跨越，彼此之间无法互相理解。（　　）

6．越来越快的工作节奏和越来越大的生存、竞争压力，容易造成亲子间缺乏沟通。（　　）

7．父母与孩子吵架后，只需要互相当作没有发生就行，冷处理是最好的方式。（　　）

四、简答题

1．简述亲子冲突产生的原因。

2．作为中职生，应如何建立和谐的亲子关系？

五、辨析题

1．现代亲子之间产生矛盾与冲突，出现关系不和谐的情况，完全是受父母对孩子态度的影响。

2．中职生心理极不安定，情绪起伏大，做事情容易冲动，所以面对问题时，应该完全听从父母的安排，这样才不会走错路。

六、案例分析题

周宇在做创意总监时，曾经招聘过一名美编。那天下着大雪，一位 50 多岁的女人，带着自己女儿的 3D 设计图找到他，想要他给自己女儿一次机会。从她带来的作品中，周宇可以看出她女儿的才华，就向她要了联系方式，随口说了句，“你下去等消息吧。”没想到这位母亲就在没有空调的大厅里站了四个小时，一直等到他下班。

后来，周宇特意通知那个女孩来面试，不仅是因为她的才气，还因为她母亲。女孩来面试时满脸不乐意。面试前，她与公司的前台闲聊。原来，女孩不想待在这个城市，一心想着去上海或是深圳，说那里才有发展前途，但母亲不让她去，怎么说都不听。母女冷战了好几天，最近才稍微缓和了一点。

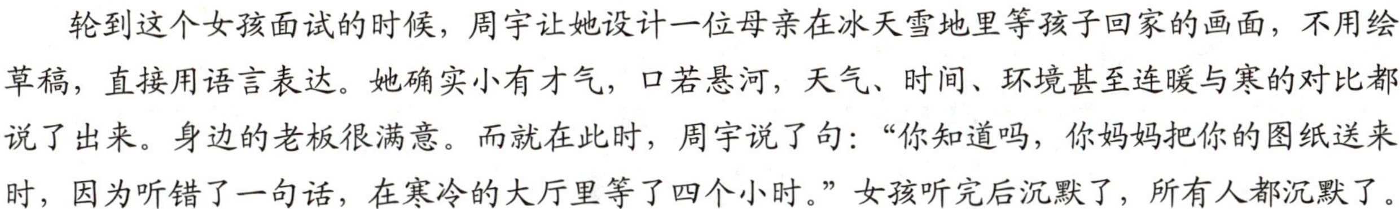

轮到这个女孩面试的时候，周宇让她设计一位母亲在冰天雪地里等孩子回家的画面，不用绘草稿，直接用语言表达。她确实小有才气，口若悬河，天气、时间、环境甚至连暖与寒的对比都说了出来。身边的老板很满意。而就在此时，周宇说了句：“你知道吗，你妈妈把你的图纸送来时，因为听错了一句话，在寒冷的大厅里等了四个小时。”女孩听完后沉默了，所有人都沉默了。

后来这个女孩留了下来，在公司聚会时与周宇谈心，她说：“就在那一刻，自己突然明白了母亲的苦心，母亲是希望我留在永远不会让她担心的地方。”

【思考】

1．在故事中，女孩与母亲的冲突点是什么？

2．通过上述故事，你对父母与孩子之间的关系有什么新看法？

第二节 尊敬老师，建立良好师生关系

知识结构归纳

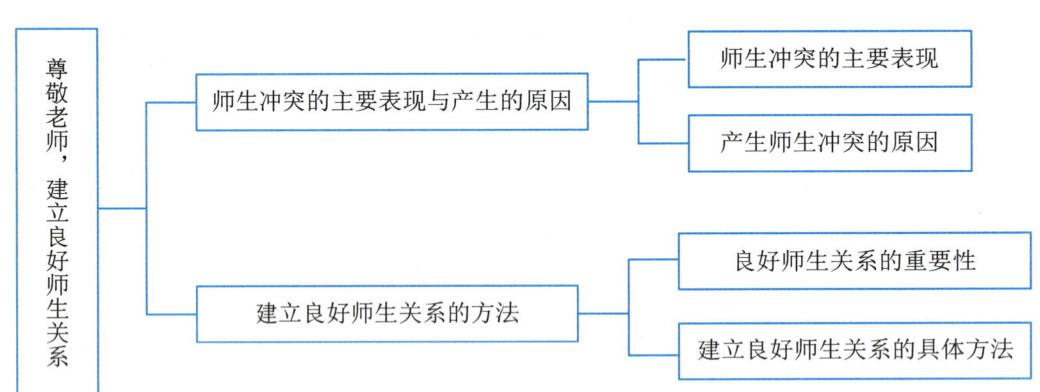

学习指导

1. 师生冲突

师生冲突是指老师与学生由于价值观、角色、占有资源和知识的多寡等方面的差异而产生的不一致、对立和相互干扰。

2. 师生冲突的主要表现

（1）言语冲突：指师生在认识、情感、思想等方面有严重分歧的情况下，双方之间发生的言语上的对抗。

（2）肢体冲突：当学生不服从教师管理教育时，教师对学生实行惩罚。学生因感到自尊心受伤害而进行反抗，使得老师感到权威被挑战，师生行为失控。

3. 产生师生冲突的原因

（1）教师方面：① 过分看重教师的权威；② 过分看重学生成绩；③ 教师能力素质不高。

（2）学生方面：① 学生不尊重教师；② 学生情绪理解能力和控制力不强；③ 学生想要寻

求注意、彰显自我；④ 学生的家庭因素。

4．良好师生关系的重要性

① 良好师生关系有利于学生的人格发展；② 良好师生关系有利于教师的课堂教学。

5．建立良好师生关系的具体方法

① 正确认识自己生理和心理的变化；② 尊重老师，摆正自己学生的位置；③ 理解和接纳老师；④ 树立自信，主动接近老师。

生活感悟

居里夫人和她的老师

居里夫人在取得巨大的成就和受到世人无限敬仰时，首先想到的是少年时教自己法语的欧班老师，因为她知道，如果当初没有老师细心严格的教诲，自己不可能取得这样伟大的成就。

这一天，欧班老师收到一封信，寄信人是“玛丽·居里”。欧班老师不敢相信，还以为是邮局弄错了呢！直到送信的人十分肯定收信人没错，她才用颤抖的手拆开了信封。

欧班老师颤颤巍巍地戴上老花镜，拿着信仔仔细细地读了起来，读着读着，激动的泪水涌出了眼眶，原来写信人竟是 20 年前门门功课都考全班第一的小姑娘玛丽亚！居里夫人在信中向欧班老师深表敬意，告诉老师，她一直在法国从事科学研究，并且诚恳地邀请老师到巴黎做客，细心的居里夫人还把往返的路费一起寄了过来。

过了不久，久别的师生就重逢了，居里夫人在家里热情接待了少年时代的老师欧班女士。她亲自下厨做菜，向老师祝酒。饭后又和老师紧紧挨在一起，亲切地谈心。她使欧班老师忘掉了一切拘束，忘掉了面前的这位女士是诺贝尔奖的获得者。

1932 年 5 月，华沙镭研究所建成了。作为赞助人的居里夫人愉快地接受了国家的邀请，到华沙去参加开幕式典礼。这天，全世界许多著名人物都簇拥在居里夫人周围，有许多国家的领导人，有各个领域最著名的科学家，还有居里夫人的亲朋好友。

开幕式快要开始的时候，居里夫人忽然从主席台上快步走下来，捧着鲜花穿过人群，来到一位坐在轮椅上的老妇人面前。居里夫人深情地亲吻了这位老妇人，然后轻轻推着她的轮椅向主席台走去。回到台上，居里夫人向大家介绍，这位老人就是自己少年时代的老师欧班女士。会场里的人见到这情景，投来敬佩的眼光，全体起立热烈地鼓起掌来。这位 80 岁的老人脸上挂满了激动幸福的泪水。

【思考与感悟】

一位世界名人尚且对自己的老师如此心怀感恩，作为平凡人的我们又该用怎样的行动来回报那些谆谆教导我们的老师呢？

____

____

____

____

____

____

检测训练

一、填空题

1. 师生冲突是指老师与学生由于__________、__________、__________、和__________等方面的差异而产生的不一致、对立和相互干扰的互动。

2. 在学校里，老师的职责是__________，学生的任务是__________。

3. __________是教育活动中最基本、最重要，同时也是最活跃的人际关系。

4. 师生冲突的主要表现包括__________和__________。

5. 教师缺乏对学生的了解，就不能__________________；缺乏组织教学的能力，就不能__________________。

6. 当学生无法通过学习__________________、__________________时，可能会试图通过课堂的_____________来获得注意。

二、单项选择题

1. “金无足赤，人无完人”，用恰当的方式指出老师的错误是对他的尊重，也是老师所希望的。所谓恰当的方式就是（　　）。

A. 温和、委婉地指出　　B. 等待别人指出

C. 直截了当，毫无顾忌　　D. 大胆质疑，不留情面

2. 老师面对众多学生，有时候会顾不过来，在没有全面了解的情况下，会误解学生。对待老师的批评或误解，作为学生应该（　　）。

A. 与老师激烈争执　　B. 不管什么场合及时向老师解释

C. 委婉解释，把批评作为鞭策　　D. 服从老师，自己受些委屈

3. 下列选项中，不属于师生间形成真诚和谐氛围的原因是（　　）。

A. 老师尊重学生　　B. 学生信任老师

C. 老师偏爱学生　　D. 学生理解老师

4. 良好的师生关系应该是（　　）。

A. 上、下级的关系　　B. 领导与服从的关系

C. 对立、矛盾的关系　　D. 平等、民主的关系

5.“春蚕到死丝方尽，蜡炬成灰泪始干。”这句话赞美了老师（　　）。

A．渊博的学识　　B．精湛的教学艺术

C．乐于奉献的崇高品德　　D．诲人不倦的教育态度

6．师生交往的礼仪是不可少的。下列做法不合适的是（　　）。

A．进老师的办公室先敲门

B．对老师的相貌和衣着指指点点

C．见到老师热情地打招呼

D．与老师交谈时姿势端正

7．某校推行新一轮课程改革以来，学校里正逐渐形成一种人格平等、互相尊重、互相学习、教学相长的新型师生关系。这种新型师生关系是建立在（　　）。

A．学校良好的硬件设施基础上

B．教师地位不断提高的基础上

C．民主平等的基础上

D．学生完全服从老师的基础上

三、判断题（正确的画“√”，错误的画“×”）

1．生活中不可能存在良好的师生关系。（　　）

2．学生与老师之间的互动内容，不包括生活、交友等问题。（　　）

3．在学校里，老师的工作只是给学生传授知识。（　　）

4．在主动与老师交往、全面了解老师后，就能发现老师是十全十美的。（　　）

5．用正确的态度和恰当的方式指出老师的错误是尊敬老师的表现。（　　）

6．师生在学校里共同生活，在相处时难免有矛盾，需要及时、有效沟通来化解。（　　）

四、简答题

1．简述产生师生冲突的原因。

2．良好的师生关系有什么积极作用？

五、辨析题

1．教师的权威神圣不可侵犯，所以学生必须无条件服从教师。

2．家庭教育的缺失，也有可能引发师生冲突。

六、案例分析题

周老师是某职校的英语老师，一次他正在上课的时候，突然有一个女同学举手向他汇报，说小庆用纸团砸她。坐在这个女同学身后的小庆，是一个有些调皮的学生，经常会在课堂上做一些扰乱纪律的小动作。听到这个女同学的汇报，周老师还没有说话，小庆就大声辩解："我没有砸，是小林砸的。"小林也坐在那个女同学后面，是一个学习比较好的男生。

因为这堂课有其他老师旁听，周老师当时很生气，压着脾气说："那她怎么不说是小林砸的呢？你做了错事还不承认，哪儿像一个男子汉？"这句话引来了其他同学的讥笑，使小庆非常气愤，他生气地看看小林，又愤愤不平地看看老师，说了句："对！有些人敢做不敢当，算什么男子汉！"之后，小庆又是拍书又是摔笔，以此来发泄自己的怒气。为了课堂整体教学，周老师没有再管他。

课后，周老师了解到，今天确实不是小庆惹的事，而是小林扔的纸团。他想，自己误会了小庆，课堂上说的那番话肯定让小庆感到不愉快。周老师赶紧找到小庆，为自己误解他的行为道了歉，小庆听到周老师的道歉，感到很惊讶，立刻检讨了自己在课堂上拍书、摔笔的不当行为，也很快原谅了老师。

【思考】

1．在这个案例中，周老师和小庆发生冲突的主要原因是什么？

2．在学校里，你认为师生该如何建立良好的关系？

第三节　感谢同学，建立友好同伴关系

知识结构归纳

- 感谢同学，建立友好同伴关系
  - 中职生同学交往特点
    - 交往愿望强烈
    - 交往关系平等
    - 交往注重情感，富于理想化
    - 交往具有较强独立性
    - 交往范围扩大，交往方式多样
  - 同学交往障碍及产生原因
    - 因自卑心理引起的同学交往障碍
    - 因以自我为中心引起的同学交往障碍
    - 因羞怯心理引起的同学交往障碍
    - 因嫉妒心理引起的同学交往障碍
    - 因猜疑心理引起的同学交往障碍
  - 建立友好同伴关系的方法
    - 同学和谐相处的重要性
    - 同伴间友好相处的具体方法

学习指导

1. 中职生同学交往特点

① 交往愿望强烈；② 交往关系平等；③ 交往注重情感，富于理想化；④ 交往具有较强独立性；⑤ 交往范围扩大，交往方式多样。

2. 同学交往障碍及产生原因

（1）因自卑心理引起的同学交往障碍。因为自卑而对自己持否定态度，与他人交往起来比较吃力，害怕说错话，担心丢面子，长此以往，严重者容易产生社交恐惧，使得人际关系出现障碍。

（2）因以自我为中心引起的同学交往障碍。这种交往方式带有一种自私性，与人际交往中交往双方都是积极主体，交往是双方相互作用的过程相矛盾，因而在人际交往中容易产生障碍。

（3）因羞怯心理引起的同学交往障碍。带着羞怯心理去交往就会产生莫名的紧张和不安的感觉，在交往过程中会感到无所适从，使得自己在交往过程中处于尴尬的境地，难以维持正常的人际交往。

（4）因嫉妒心理引起的同学交往障碍。嫉妒心理往往带有浓厚的负面感情色彩，把这种感情色彩带到同学交往中去就会产生一种不和谐的感受，从而使人际交往产生障碍。

（5）因猜疑心理引起的同学交往障碍。在和同学的交往中，一旦掉进猜疑的怪圈，必定处处神经过敏，事事捕风捉影，对他人失去信任，对自己也产生怀疑，从而损害正常的同学关系，产生人际交往障碍。

3. 同学和谐相处的重要性

（1）促进自我认知和自我完善。在和同学的交往中，可以通过他人的评价和态度，去更好地认识自我。在和谐的关系中，同学们相亲相爱，彼此可以交流自己的经验，一起解决遇到的问题，从而帮助自我完善。

（2）促进身心健康。在友爱的同学关系中，同学们可以分享自己的快乐和烦恼，每个人都能感受到自己对他人的价值和他人对自己的意义，这能够满足中职生的精神需求，促进其自我肯定和保持愉快的心境。

（3）促进良好学习环境的形成。同学同在一个班集体里，如果彼此之间友好相处，互相学习彼此的长处，大家就可以养成良好的行为习惯，创建优良的班风，并形成良好的学习氛围。

4. 同伴间友好相处的具体方法

（1）学会理解尊重。每个人生长在不同的环境中，形成了不同的气质和性格特点，也有着不同的生活习惯。同学间互相理解尊重，能够减少不必要的摩擦，保持融洽关系。

（2）学会倾听。要想正确理解别人的想法，必须先听懂对方。要听懂则必须专注地听，专注的倾听能使倾诉者感到自己的重要，从而能鼓励对方表达自己的想法。

（3）注意换位思考。中职生在为人处世上要懂得“己所不欲，勿施于人”，懂得不强求别人，

懂得寻求与别人的共同点，多站在对方的角度思考问题。

（4）学会主动帮助和感激。同学之间既要热心帮助别人，也应该乐于接受别人的帮助，彼此真诚相待。感激会让对方更加愿意与你交往，进而形成良性互动。

（5）学会赞美。要赞美别人，就需要选准角度，内容明确，语言真诚。

生活感悟

智者的箴言

一位少年去拜访年长的智者。

少年问：“我怎样才能变成一个自己快乐，也能带给别人快乐的人呢？”

智者笑着说：“孩子，在你这个年龄有这样的愿望，已经很难得了。我送给你四句话。第一句是，把自己当成别人。你能说说这句话的含义吗？”

少年回答道：“是不是说，在我感到痛苦忧伤的时候，就把自己当成是别人，这样痛苦自然就减轻了；当我欣喜若狂之时，把自己当成别人，那些狂喜也会变得平和一些。”

智者微微点头，接着说：“第二句话是，把别人当成自己。”

少年沉思一会儿，说：“这样就可以真正同情别人的不幸，理解别人的需要，而且在别人需要帮助的时候给予恰当的帮助？”

智者两眼发光，继续说着：“第三句话，把别人当成别人。”

少年默默思索着，回答道：“这句话的意思是不是说，要充分尊重每个人的独立性，在任何情形下都不能侵犯他人的核心领地？”

智者哈哈大笑：“很好，很好，孺子可教！第四句话是，把自己当成自己。这句话理解起来太难了，你留着以后慢慢品味吧！”

少年说：“这句话的含义，我一时体会不出。但这四句话之间有许多自相矛盾之处，我怎样才能把它们统一起来呢？”

智者说：“很简单，用一生的时间和精力。”

少年沉默了很久，然后叩首告别。

后来少年变成了中年人，又变成了老年人。在他离开这个世界很久以后，人们还时时提到他的名字。人们都说他是一位智者，因为他是一个快乐的人，而且也给每一个见过他的人带来了快乐。

【思考与感悟】

智者的四句箴言对你的人际交往有什么启示作用？

____

____

____

____

____

____

____

____

检测训练

一、填空题

1．中职生的交往方式较为感性和直接，更多地注重________________，讲求心灵深处的默契和共鸣。

2．中职生的人际交往具有明显的______________，他们通常会以理想的标准要求交往对象。

3．社会现代化和信息化的快速发展，促使中职生对人际交往有了__________、__________的需求，其交往范围逐渐扩大。

4．感受到自己对他人的价值和他人对自己的意义，能够促进中职生__________________。

5．人情的回报有多种表现形式，可以是__________、__________、__________。

6．同学之间能否友好相处，很大程度上取决于________________。

二、单项选择题

1．进入职校，住进集体宿舍后，小光迫切希望与周围的人进行交流和沟通，获得友谊和关怀，这体现了他（　　）。

A．有强烈的交往愿望　　B．对新事物感到新奇

C．没有经历过挫折　　D．对理想存在向往

2．小云认为“君子和而不同”，这体现了她与同学之间的交往具有（　　）。

A．平等性　　B．理想性

C．独立性　　D．多样性

3．小闫与他人交往起来比较吃力，总是害怕说错话，担心丢面子，使得人际关系出现障碍，这源自他的（　　）。

A．自卑心理　　B．嫉妒心理

C．猜疑心理　　D．自负心理

4．小琴的学习成绩名列前茅，但是她平时只注重个人需求的满足，从来不关心集体，同学们慢慢地都疏远她了，是因为（　　）。

A．同学们嫉妒她学习成绩太好　　B．她太在意外界的评价

C．班级的氛围不好　　D．她以自我为中心的交往取向

5. 在具有优良的班风的班级里，同学们可以（　　）。

A. 一起解决遇到的问题　　B. 感受到自己对他人的价值

C. 养成良好的行为习惯　　D. 以上都对

6.“亲爱的同学，请让我来帮助你，就像帮助我自己；亲爱的同学，请让我去关心你，就像关心我自己。”这句话体现了（　　）。

A. 同学间需要经常进行交流与沟通

B. 同学交往要真诚坦率

C. 善待同学就等于善待自己

D. 己所不欲，勿施于人

7. 下列选项中，不属于同学之间友好相处方式的是（　　）。

A. 彼此相容　　B. 寻求彼此共同点

C. 斤斤计较　　D. 发掘他人的闪光点

三、判断题（正确的画“√”，错误的画“×”）

1. 与同学友好相处，不仅有利于我们的健康成长，也有利于将来的发展。（　　）
2. 当朋友有困难时，我们应该根据自己获得的回报决定是否帮助他。（　　）
3. 中职生应该多交朋友，把交往范围扩大，无论什么样的朋友都可以结交。（　　）
4. 和同学交往并不是每个人都必须做的，因为有些人需要友谊，而有些人不需要。（　　）
5. 嫉妒心理往往带有浓厚的负面感情色彩，会影响同学交往的和谐。（　　）
6. 与同学友好相处就是要接纳他们所有不同的观点，按照他们的意见去做。（　　）

四、简答题

1. 简述中职生同学交往的特点。

2. 简述同学和谐相处的重要性。

五、辨析题

1．同学间互相理解尊重有利于维持融洽的同学关系。

2．中职生在为人处世上必须要懂得“己所不欲，勿施于人”。

六、案例分析题

纪某，男，某职校学生。以下是他的自述：

一直以来，我都觉得周围的同学不喜欢我，对我有意见，但表面上又相安无事，所以我很少和同学来往，同学们有事也不会找我。身边没有朋友，我觉得很孤单。

刚进校时，我住在宿舍里，可是同住的其他三个同学很吵，我晚上经常睡不好觉，后来我就在外面租了房子，搬出去住了。这样虽然清静了许多，但是我和同学们的关系也越来越远了，每次我回宿舍，他们都对我视而不见。

一次，有个同学过生日，恰逢圣诞节，有人提议大家凑钱一起出去庆祝，每人 100 元。可是我觉得 100 元太多了，为了一个同学的生日不值得，再说我也不喜欢吵吵闹闹，所以没去。从那以后，同学们有活动都不再叫我。

后来，我觉得疏远我的已经不只是身边的同学了。实习时的同事也不爱理睬我。每次和他们说话时，我总想主动调节一下气氛，表现自己的幽默，可不知道为什么总是适得其反，话一说出口经常会引起别人的不快，渐渐地，他们也都疏远我了。为此，我感到很困惑。

【思考】

1. 纪某面临着什么样的问题？

2. 作为中职生，应该如何与同学或朋友交往呢？

第四节　远离危险，健康快乐成长

知识结构归纳

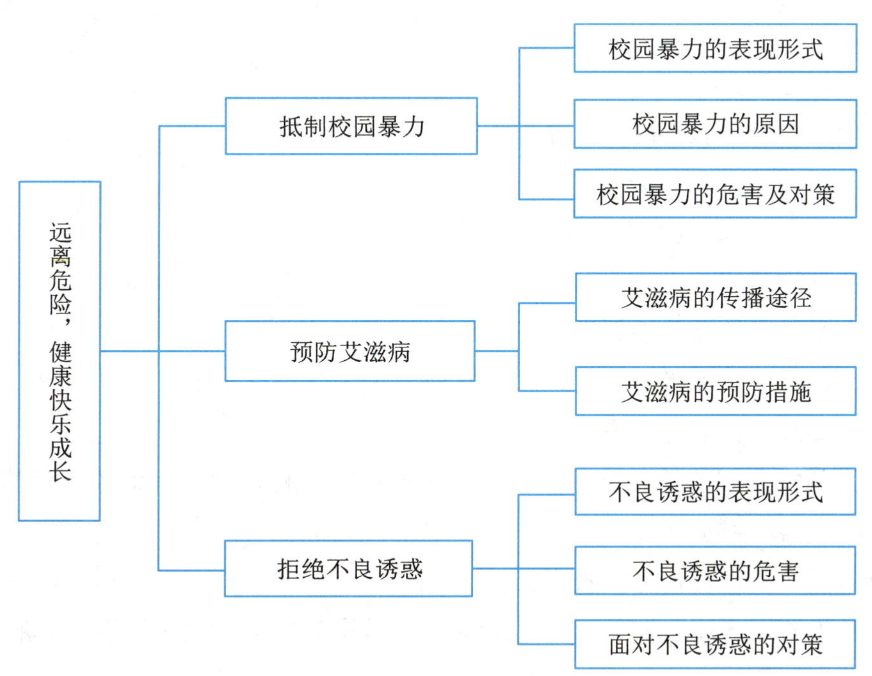

学习指导

1．校园暴力

校园暴力是指在校园内，学生之间一方（个体或群体）单次或多次蓄意或恶意通过肢体、语言及网络等手段实施欺负、侮辱，造成另一方（个体或群体）身体伤害、财产损失或精神损害等的事件。

2. 校园暴力的主要形式

① 语言暴力；② 身体暴力；③ 社交暴力；④ 网络暴力。

3. 校园暴力的原因

（1）社会因素：随着社会的发展和文化的多元化，出现了一些不良的道德价值观，甚至暴力文化，展现出对生命的极端漠视。

（2）学校因素：成绩较差者得不到老师的肯定，导致情绪紧张，很容易产生自卑感、挫折感，以至于出现暴力行为。

（3）家庭因素：父母粗暴的家庭教养方式，容易被孩子观察和模仿，使其遇事就想用暴力解决。

（4）自身因素：部分学生认识水平和能力低下，缺乏独立评价能力，容易受到外界不良社会环境的感染，接受不良因素的暗示。

4. 校园暴力的危害

① 严重影响学生的正常学习生活；② 严重影响学生身心健康；③ 破坏社会秩序，使人们对法律失去信心。

5. 正确应对校园暴力事件

① 及时脱险；② 正当防卫；③ 寻求援助；④ 收集证据。

6. 艾滋病传播途径

① 性接触传播；② 血液传播；③ 母婴传播。

7. 艾滋病的预防措施

（1）洁身自爱，避免婚前性行为。

（2）不到消毒得不到保障的诊所、医院打针、拔牙或进行手术。

（3）输液时要确保输液针头是一次性的。

（4）献血必须找正规的献血单位，否则卫生条件不达标，很容易沾染艾滋病毒。献血前，应确保抽血针头是一次性的。

（5）远离毒品，不以任何方式吸毒。

（6）不与他人共用牙刷、剃须刀等生活用品；尽量避免接触他人体液、血液。

（7）不到美容院打耳洞、文眉、文身。

8. 不良诱惑的表现形式

不良诱惑的表现形式包括黄、赌、毒。

9. 色情的危害

① 荒废正常学业；② 影响学生身心健康；③ 导致性犯罪。

10. 赌博的危害

① 荒废学业；② 助长不劳而获的习气；③ 严重影响身心健康；④ 破坏人际关系；⑤ 引发犯罪。

11．毒品的危害

① 危害身体机能；② 导致精神障碍与心理变态；③ 使人极易感染疾病。

12．远离色情

① 要正确认识性；② 要重视个人修养，培养正确的人生观和是非观；③ 要培养健康的兴趣爱好。

13．远离赌博

① 不要抱有侥幸心理；② 远离赌博性质的游戏；③ 转移对赌博的注意；④ 保持一种健康、积极向上的心态。

14．远离毒品

（1）充分认识毒品违法犯罪活动的危害性，加强自身的学习和法律意识修养，培养高尚的情操和伦理道德观念。

（2）积极参加有益健康的文体活动，增强集体观念，培养广泛的兴趣爱好，避免孤僻的生活方式。

（3）提高对毒品的防御能力，不要结交有吸毒恶习的朋友或听信他们的谎言。

（4）决不可因好奇而尝试毒品，以防止上瘾而难于自拔。

（5）一旦沾染毒品，要积极主动向教师和学校报告，自觉接受学校、家庭及社会有关部门的监督戒除及康复治疗。

生活感悟

校园孤独

小张是某职校的学生，因为偶尔会偏头痛，所以习惯早睡早起。宿舍其他五个人则相反，觉得自己正是该玩乐的年纪，所以经常熬夜，周末甚至通宵不睡觉，第二天再睡一整天。在周五晚上小张已经睡觉的时候，其他人却不愿关灯，打电话不注意控制音量，打游戏开音效，激动的时候还会大喊，这使得早睡的小张也睡不了好觉。

前一个月小张还顾忌同学之间的感情，试着忍耐，但是时间长了，小张觉得自己的生活习惯被打乱，总是没有精神，终于跟舍友提起了此事。

舍友们一开始会控制自己弄出的声响，但是没过几天又恢复了原来的习惯。小张心里渐渐有些不快。在一个周六，早起的小张便有意地提高洗漱声音，吵醒了还在睡梦中的其他人，并和其中一个舍友发生了争吵。

之后，舍友们开始用讥讽的口吻和小张说话，只要他在，宿舍氛围就很奇怪。小张感到很苦闷，觉得回寝室也没什么意思，完全融不进去他们的小团体，也怕说错话引起更大的麻烦。所以他每天很早就起床，背着书包到图书馆看书，晚上很晚才回去。有时即使看不进去书，他也不愿意回寝室，就顺着操场走，一圈又一圈，等到快熄灯了才回去。

【思考与感悟】

1. 小张被孤立属于校园暴力的哪种表现形式？

2. 如果班里的某个同学被其他同学孤立，你会怎么做？

____

____

____

____

____

____

____

____

检测训练

一、填空题

1. 校园暴力是指在校园内，学生之间一方（个体或群体）单次或多次蓄意或恶意通过肢体、语言及网络等手段实施欺负、侮辱，造成另一方（个体或群体）__________、__________或__________等的事件。

2. 校园暴力的主要形式包括__________、__________、__________、和__________。

3. 当人类受到挫折时，易产生攻击行为，而__________正是攻击行为的主要方式。

4. 学校只看重学生的德育，缺乏__________，容易使学生意识不到校园暴力的严重性。

5. 施暴者通过__________的形式获得的优越感是错误的、扭曲的。

6. 中职生生活的社会环境较为复杂，面临着各种诱惑，如______、赌博、______等。

7. 赌博是指利用赌具，以钱财作为赌注，以__________为目的的违法犯罪行为。

二、单项选择题

1. 下列行为中，不属于校园暴力范畴的是（　　）。

   A. 小中当众嘲笑同学

   B. 小李因为自身强壮，逼迫同学帮他买零食

   C. 小圆征求同学同意后使用其物品

   D. 小张在朋友圈里曝光同学的隐私

2. 小宇经常模仿动作电影里的情节，在校园中与人打斗，欺压别人。使其产生暴力行为的因素是（　　）。

   A. 社会因素　　B. 家庭因素　　C. 学校因素　　D. 同学因素

3．艾滋病最直接的传染途径是（　　）。

A．牵手、拥抱传播　　B．性接触传播

C．血液传播　　D．母婴传播

4．一天，204 宿舍的四个人分别拿了一本书，他们看的书中不可取的是（　　）。

A．有关人体生理科学著作

B．医学相关教科书

C．宣扬色情的杂志

D．含有不同国家文化的文学作品

5．在生活中，毒品是非常危险的。下列选项中不属于国际组织定义的毒品的是（　　）。

A．鸦片　　B．吗啡　　C．可卡因　　D．咖啡

6．对于中职生远离色情的方式，下列表述不正确的是（　　）。

A．要正确认识性

B．避免接触性相关的一切

C．要重视个人修养，培养正确的人生观和是非观

D．要培养健康的兴趣爱好

三、判断题（正确的画“√”，错误的画“×”）

1．如果同学之间关系很好，可以不经过本人同意对别人照片进行恶搞。（　　）

2．熊某是某中职学校的学生，他平时很喜欢给别人起外号，被人拒绝也坚决不改，这种行为也属于校园暴力的一种。（　　）

3．在校园暴力伤害即将发生时，首先应想到的是采取必要的反击。（　　）

4．艾滋病病毒可以在人体内潜伏很长时间，在发展成艾滋病以前，患者可以没有任何症状地生活和工作很多年。（　　）

5．一般的接触并不能传染艾滋病，所以艾滋病患者在生活中不应受到歧视。（　　）

6．含有人体结构介绍的书籍也视作淫秽物品。（　　）

7．赌博是一种容易上瘾的非法活动，上瘾后，不劳而获的妄想就会无休无止。（　　）

8．面对不良诱惑，最应该做的就是远离它们，保持积极向上的心态。（　　）

四、简答题

1．中职生应该如何正确应对校园暴力事件？

2．艾滋病有哪些预防措施？

3．简述不良诱惑的危害。

4．中职生应该如何远离赌博？

五、辨析题

1．校园暴力不仅影响受害者，同样也会影响施暴者。

2．多数人在青春期的时候都会对性产生强烈的冲动和好奇，这是人体的正常生理反应，所以接触色情文化不会产生什么后果。

六、案例分析题

2017 年秋天，刚从山西省太原市某中职院校毕业不久的叶某，应朋友之邀来到呼和浩特市。当晚，在朋友的蛊惑下，她在酒吧和大家一起溜起了“冰”。

“当时根本不懂得毒品的危害，只是觉得大家都在‘溜冰’，我不参与，会显得很土气，像没见过世面一样。这种幼稚可笑的想法让自己踏入了可怕的魔窟。”尽管只吸了一次，但叶某再也离不开冰毒，开始了醉生梦死的生活。

2017 年 10 月，在租住的房子里，叶某因吸毒被警方抓获，行政拘留了 15 天。4 个月后，民警再次在出租屋里抓获了她。这一次，她被送到了内蒙古女子强制隔离戒毒所，接受为期 2 年的强制隔离戒毒。

叶某说：“回过头来想想，除了交友不慎导致自己走到这一步外，还有一个重要的原因，那就是自我约束力太差，从小家人就很宠爱我，以至于我对什么都无所畏惧，加上虚荣心强、不自爱，如今只能自食恶果了！”

【思考】

1. 叶某为什么会走上吸毒的道路？
2. 你对毒品的认知有多少？如果面对毒品的诱惑，该怎么做才能保护自己不受其害？

第五章

学会学习　终身受益

第一节　端正学习态度，解决学习问题

知识结构归纳

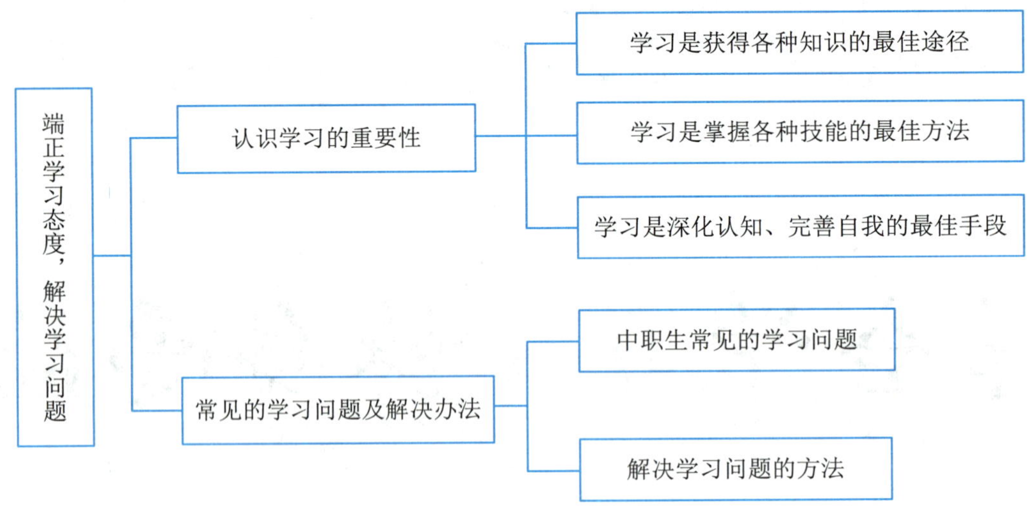

学习指导

1．学习的重要性

学习是获得各种知识的最佳途径；学习是掌握各种技能的最佳方法；学习是深化认知、完善自我的最佳手段。

2．中职生常见的学习问题

（1）学习动力不足。其具体表现如下：① 没有明确的学习目标；② 缺乏学习主动性；③ 没有科学的学习方法；④ 难以适应灵活自主的学习生活。

（2）学习焦虑。一般是由于不能达到预期的学习目标或不能克服学习上的困难而产生的紧张、不安、忧虑、烦躁等情绪。

（3）无法做到专注。其具体表现如下：① 注意力不集中；② 易受干扰；③ 常做各种与学习无关的小动作。

（4）不善记忆。其具体表现如下：① 识记速度慢；② 保持时间短；③ 识记不精确。

3．解决学习问题的方法

（1）保持积极心态。面对自身存在的学习问题，不要自暴自弃，要学会将压力转化为动力。

（2）制订学习计划。中职生应根据自身的实际情况，制订切实可行的学习计划。

（3）培养学习兴趣。兴趣是学习的内在动力，是影响学习效果的因素之一。

（4）加强自我监控。自我监控是指在学习过程中，对自己的学习活动进行积极、自觉的监督和调节，以保证学习计划的顺利完成。

生活感悟

17 岁女孩：方舱医院不忘备战高考

17 岁的黄玉婷，是武汉市第三十九中的高三学生。在 2020 年一月末的时候，新型冠状病毒肺炎疫情肆虐了整个武汉。黄玉婷和外公外婆都不幸感染了新型冠状病毒肺炎，一同被送往了医院进行治疗。

进武汉方舱医院的时候，很多人除了带日常用品，就是大包小包的衣服、零食。而黄玉婷除了日常用品，最显眼的东西，就是她带来的一大书包的学习资料。

从此，在武汉方舱医院的病房里多了一抹靓丽的色彩：在黄玉婷所住的 583 号病床的旁边，多出来一张医院特意安排的书桌。每天黄玉婷都安静地在这张书桌上学习、上课、写作业，书桌上堆满了备战高考的学习资料。除去检查治疗的时间，黄玉婷几乎都在病房里学习：每天上午和下午，黄玉婷都会根据武汉市第三十九中的安排，通过平板电脑进入网络课堂学习。下课后她会温习功课，还会做成堆的练习题。

黄玉婷表示，即使出院了，她也绝不会放松，一定要争取在七月的高考中，考出最好的成绩，来回报那些帮助过她的医护人员。

【思考与感悟】

即使不幸被病魔盯上，但依旧努力备战高考。结合黄玉婷的经历，谈谈你的感悟。

检测训练

一、填空题

1．学习的重要性体现在____________，____________，____________。

2．中职生常见的学习问题主要有____________、____________、____________、____________等。

3．学习动力不足的表现有____________、____________、____________、____________。

4．要在社会上安身立命，我们除了需要获得各种知识以外，还需要掌握各种____________。

5．随着科技的飞速发展，社会的不断进步，我们只有不断学习，才能逐步深化自己的____________，完善自我，进而跟上社会前进的步伐。

二、单项选择题

1．下列情形中，属于学习动力不足的具体表现的是（　　）。

A．晓琳的奶奶生病住院了，晓琳最近上课魂不守舍的

B．小张一边写作业一边看电视

C．李嘉早上背诵的课文，晚上却默写不出来

D．大海对学习不感兴趣，上课不是睡觉就是看漫画

2．明明在学习时，注意力很容易被他人弄出的声响吸引。这属于（　　）。

A．学习动力不足

B．无法做到专注

C．学习焦虑

D．不善记忆

3．关于不善记忆的体现，下列说法不正确的是（　　）。

A．对于一些知识往往要经过多次反复识记才能记住

B．经过识记的知识在头脑中存留的时间很短，遗忘速度快

C．对于已识记的知识，印象模糊，无法掌握细节，甚至不会正确应用相关知识

D．机械地阅读表面文字，而不是调动思维，深入理解其中的内涵

4．下列选项中，不能解决学习问题的是（　　）。

A．学会将压力转化为动力

B．循序渐进逐步地制订学习计划

C．通过自我暗示的方法培养自己的学习兴趣

D．一直参加各种自己喜欢的文体活动

三、判断题（正确的画“√”，错误的画“×”）

1．在应对学习问题时，中职生首先应恰当调节自己的学习心态，坦然面对学习压力。（ ）

2．学习动力不足是因不能达到预期学习目标或不能克服学习上的困难而产生的紧张、不安、忧虑、烦躁等情绪。（ ）

3．对于中职生，要强化专业技术，弱化知识理论。（ ）

4．没有明确的学习目标，容易导致缺乏学习的动力。（ ）

5．中职生长期处于焦虑的状态下，会直接引发各种心理疾病。（ ）

四、简答题

1．中职生应如何解决学习问题。

2．简述无法专注学习的具体表现。

五、辨析题

1．只有在较长的时间段内进行学习才会有所收获。

2．学习是深化认知、完善自我的最佳手段。

六、案例分析题

近期，一则“高三女生手绘肖像明信片送 42 名同学”的视频引发网友关注。在该视频中，一个面貌清秀的女生在画板前专注地绘画，画出的同学肖像惟妙惟肖。“她把我画帅了，能在别人笔下留一个比较帅的印象还是比较开心的。”一男同学说。

手绘同学肖像的女同学名叫方兰，是衢州高级中学的一名高三学生，即将面临高考。据方兰介绍，她是一名美术考生。在结束今年的第一次联考之后，她便开始给同学画肖像。“刚开始只画了一两个同学，但慢慢发现这是一件很有趣的事情。我们马上就要高考了，学业压力比较大，对我来说，画画是一种很好的解压方式，我便想通过画画来缓解自己考前的焦虑情绪。同时，考虑到我们马上就要毕业了，就想着给每位同学画一幅肖像，当作毕业礼物送给他们。”方兰说。

方兰希望通过自己的努力，考上中国美术学院，未来从事动漫、游戏相关的设计工作，“我想学场景设计、人物建模。平时除了喜欢动漫以外，我也喜欢打游戏。所以未来想从事这些自己感兴趣的工作。”

【思考】

1．方兰面临的学习问题是什么？她是如何解决的？

2．你遇到过哪些学习问题？最终是如何解决的？

第二节　掌握学习方法，科学高效学习

知识结构归纳

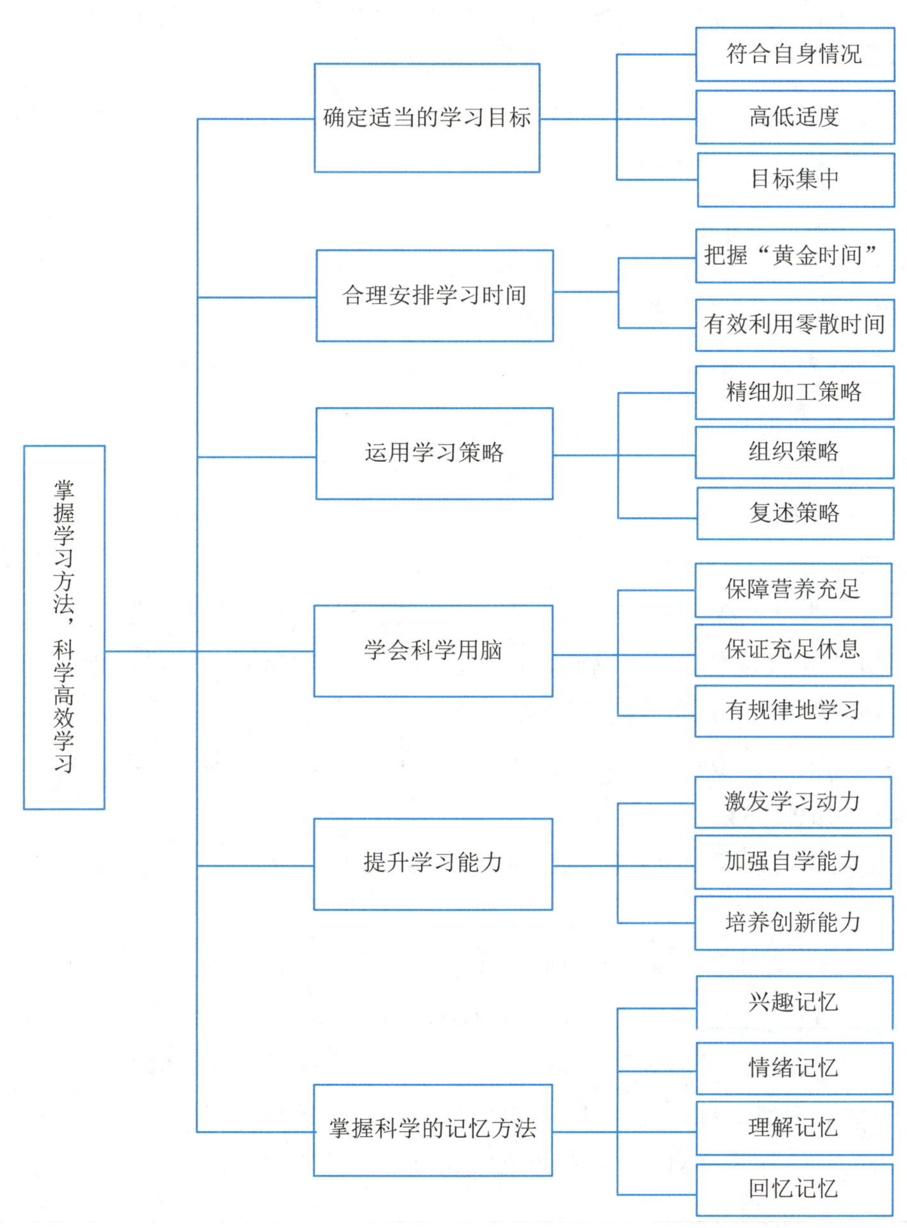

学习指导

1. 确立适当的学习目标

中职生在确立学习目标时可以综合考虑以下几个方面：① 是否符合自身情况；② 是否高低适度；③ 是否目标集中。

2. 合理安排学习时间

① 把握“黄金时间”；② 有效利用零散时间。

3. 运用学习策略

（1）精细加工策略。精细加工策略中常见的方法有位置记忆法、首字联想法和关键词法。

（2）组织策略，是将新知识之间、新旧知识之间的内在联系进行整合，形成知识结构的策略。

（3）复述策略，复述策略是为了保持知识的永久记忆，在大脑中反复重现所学知识，从而将注意力维持在所学知识上的策略。

4. 学会科学用脑

（1）保障营养充足。中职生应注意饮食的均衡、营养和健康，避免偏食、营养不良等问题对大脑造成伤害，同时还应避免烟、酒的刺激。

（2）保证充足休息。中职生可以通过充足的睡眠，使大脑得到休息，还可以根据自己的生理特征合理地安排休息时间。

（3）有规律地学习。根据自身“生物钟”的特征，合理安排学习、锻炼、娱乐和睡眠的时间，以形成一定的生活规律。

5. 提升学习能力

（1）激发学习动力。要想提升学习能力，首先要激发自己的学习动力，树立自主学习意识。

（2）加强自学能力。中职生可以通过树立自信心、培养坚强的意志、保持乐观的态度，来有效地进行自我管理，以使自学达到预期的目标。

（3）培养创新能力。应注重多方面知识的积累；善于观察，勤于思考；培养问题意识。

6. 掌握科学的记忆方法

（1）兴趣记忆，是没有规定目标或目的，没有经过努力识记的，往往与个体的兴趣、爱好、需要、价值观有很大的关系。

（2）情绪记忆，是对曾经体验过的情绪和情感的识记，往往与个体的成长、行为、知觉、信念、目标，甚至自我意识、心理健康状况等有很大的关系。

（3）理解记忆，是根据知识的内在的、本质的联系和规律进行识记。

（4）回忆记忆，是把以前所识记的知识进行重现，具体包括直接回忆和间接回忆。直接回忆是当前事物引起过去知识的再现；间接回忆是通过中介联想才能达到对过去知识的再现，是一种有步骤地解决问题的思维活动。

生活感悟

排满日程，提升意志力

手机在时间的争夺战中从不示弱。不管人们外出工作、学习还是娱乐需求，这个小方块照单全收。中青校媒面向全国各地的 2 077 名大学生发起关于手机使用情况的调查，结果显示，仅 14.05%的受访者每天使用手机时长在 3 小时及以下，27.88%的受访者日均使用手机 3～5 小时，33.32%的受访者日均使用手机 5～8 小时，还有 24.75%的受访者使用时间在 8 小时以上。

手机使用时间多不等于过度沉迷

就读于中国传媒大学的刘语最近正在准备英语考试，手机是她学习必备的工具之一。“我在手机上查资料，也寻找和考试相关的信息。”刘语还下载了一些专门学习英语的软件，手机屏幕上满满的“干货”应接不暇。她每天除了看书，也在手机上看学习视频、看网友分享学习方法的帖子等。

新潮而多样的学习功能，让刘语不自觉地增加了手机的使用时间。她发现，现在很多手机软件已经实现精准传播。有时候她本打算放松一下，但手机会自动给她推荐英语学习的内容，或提醒她到某项线上学习的时间了。

预防过度沉迷和依赖

手机依赖或多或少会影响人们的日常生活。江苏一所高校的大二学生雷晶晶为自己制定了长期的学习目标。平时，她会用手机听英语、上网课，她的手机里有非常多学习软件，“这些软件可以给我一种期待感和满足感”。但让她纠结的是，用手机学习的时候，会不自觉地打开微博、微信。“明明用的是学习软件，但动不动就想切到别的界面去。”手机学习的“副作用”导致学习效率降低，雷晶晶试着放下手机，去图书馆找纸质资料。她告诫自己，一定要专心致志地按计划学习。可是手机摆在面前，计划就难以长期坚持。“都学这么久了，适当放松一下没关系”的念头，每次都让她忍不住重新拿起手机。这样一来，学习进度被拖慢，她开始担心自己完不成目标。拿起手机就开心，放下手机就焦虑已成为雷晶晶的日常状态。

如果使用手机不是去完成工作、生活、学习、社交等计划好的任务，而是漫无目的地消磨时间，或者一放下手机就感觉无所适从、心神不宁，甚至因为使用手机过度而影响睡眠和正常的工作、学习，就要警惕自己是否有“手机依赖”。

从心理学角度看，手机依赖是一种强迫心理，明明知道不应该在手机上耗费太多时间，但总是刚放下手机就又忍不住拿起来。这个问题背后的原因主要有三个：第一是精神空虚，第二是意志力薄弱，第三是社交焦虑。针对不同的原因，可以从不同方面入手来解决。例如，面对意志力薄弱型的手机依赖者，要从提升意志力开始做起，如睡前半小时放下手机，学习工作时间不碰手机，把购物、游戏、浏览朋友圈等固定在一天的某个时间段内等。

凡事想要高效，必须先有规划

提前做好安排规划，并坚定执行规划，对于合理使用手机有一定的帮助。学生可以把需要大块使用手机的时间做好计划，如什么时间段学习、什么时间段游戏、什么时间段购物、什么时间段看新闻、什么时间段浏览朋友圈、什么时间段看留言和回复邮件，等等。制订好计划后，把计划内的时间交给手机，用的时候也无须纠结。在计划使用手机之外的时间，除了极特殊的情况，坚决不碰手机。

【思考与感悟】

你是否存在“手机依赖”的问题？读完上述材料，你打算如何合理运用手机？

____

____

____

____

____

____

____

____

检测训练

一、填空题

1．合理安排学习时间，具体从__________和__________两点出发。

2．学习策略一般包括__________、__________和__________。

3．科学的记忆方法主要包括__________、__________、__________、__________。

4．适当的__________是保证学习稳步进行的前提条件，可以增强学习意志力。

5．大脑是学习的生理基础，__________是充分发挥大脑潜能、提高学习效率的根本保证。

6．__________的根本就在于主动发现问题、提出问题和解决问题。

7．中职生确立的学习目标，应保持____________，避免过度分散。中职生应当根据实际情况，选择一个____________。

8．适当的学习目标应____________、____________和____________。

二、单项选择题

1．下列选项中，不属于精细加工策略的是（　　）。

A．位置记忆法　　B．重复识记法　　C．关键词法　　D．首字联想法

2．根据知识的内在、本质的联系和规律进行识记的记忆方法是（　　）。

A．理解记忆　　B．回忆记忆　　C．兴趣记忆　　D．情绪记忆

3．下列做法中，属于科学用脑的是（　　）。

A．猪八戒吃饱了就睡，睡醒了又吃

B．唐三藏废寝忘食，只顾着念经

C．沙和尚睡足了就会外出化缘，吃饱了更好地照顾师父

D．孙悟空一天只睡 3 小时，其他时间都在打妖怪

4．下列记忆方法中，可以通过感情来记忆知识的是（　　）。

A．理解记忆　　B．回忆记忆　　C．兴趣记忆　　D．情绪记忆

5．下列选项中，不能培养中职生的创新能力的是（　　）。

A．通过大量的课外阅读来开阔眼界

B．以书本上的知识为标准，不要用质疑的眼光看待事物

C．养成善于观察、勤于思考的习惯

D．多问“为什么”，逐渐培养自己的问题意识

三、判断题（正确的画“√”，错误的画“×”）

1．问题意识是能够在复杂多变的事物之中解决问题的能力。（　　）

2．要想提升学习能力，首先要激发自己的学习动力，树立自主学习意识。（　　）

3．关键词法可以用于阅读理解、识记地理信息等。（　　）

4．“黄金时间”是指人的精力最充沛、注意力最集中、学习效率最高的那段时间。每个人的“黄金时间”都是固定不变的。（　　）

四、简答题

1．如何提升自己的学习能力？

2．中职生在学习中如何做到科学用脑？

五、辨析题

1．为了提高学习效率，我们应当做到“废寝忘食”。

2．孔子言，“知之者不如好之者”，这正是对理解记忆的阐释。

六、案例分析题

2020 年，来自广州市第六中学的刘洋以 716 分的高分成为广东省的理科状元：语文 133 分，数学 147 分，外语 145 分，理综 291 分。取得如此好的成绩，归功于刘洋高效合理的学习方法。

刘洋特别重视课前预习，哪怕疫情期间在家上网课，刘洋也会坚持课前预习。他认为，通过课前预习，可以知道自己对哪些知识不理解，需要在课堂上重点去听，以此掌握这些知识。除此之外，刘洋特别重视老师布置的学习任务，就算疫情期间在家自学，他也完全按老师的要求认真复习。刘洋认为，老师们多年的教学经验，可以让自己在学习上少走很多弯路。

对于理科的刷题，刘洋平时不会刻意追求难题的破解，而是注重基础知识的巩固和解题方法的总结。每做完一道题，他都会回头反思一下，以致他对每个知识点都有牢固且深刻的理解，对出题人的意图也能精准揣摩。高考状元刘洋认为只有这样的刷题才能达到目的。语文和英语这两个科目需要长期的大量积累，他建议一定要多记多背，不能只满足于学习课本，还要有大量的课外阅读。在记忆和看书的时候最好动脑思考，这样可以提高记忆效率，同时提升语感。没有大量阅读、大量记忆，英语和语文确实不容易得高分。

刘洋认为，很多学生不喜欢学习，主要原因之一是体验不到学习的成就感，所以越来越提不起学习兴趣。他建议大家多设一些短期目标，每完成一个目标就能体验到一次成就感，以此激励自己继续完成下一个目标。坚持制定可完成的短期目标，大家成功的体验越来越多，对学习的兴趣也会越来越浓厚，学习自然会有进步。

【思考】

读完上述材料，你学到了哪些学习方法？

第三节　提高学习能力，开启终身学习

知识结构归纳

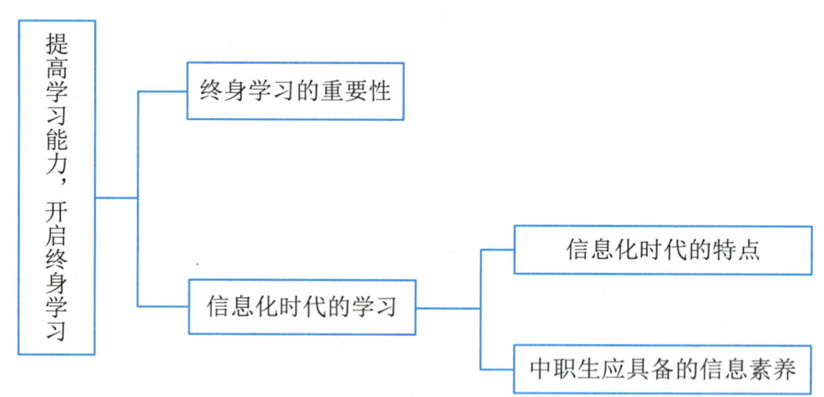

学习指导

1. 终身学习的重要性

终身学习的重要性主要体现在以下几个方面：① 能够帮助我们克服工作中的困难，解决工作中的问题；② 可以满足我们生存和发展的需要；③ 能够使我们得到更大的发展空间，更好地实现自身价值；④ 能够充实我们的精神生活，提高我们的生活品质。

2. 信息化时代的特点

（1）社会经济结构以服务性行业为主。

（2）专业和技术逐渐成为社会发展的决定因素。

（3）知识创新成为社会发展的主要动力。

（4）人们更加关注社会未来的发展趋势。

3. 中职生应具备的信息素养

中职生应具备的信息素养主要包括信息意识、信息知识、信息能力和信息道德。

（1）信息意识是对信息和信息工作的感觉、知觉、情感和意志等，它影响一个人的信息行为。作为中职生，应当首先树立信息意识，能够有针对性地获取所需信息。

（2）信息知识是利用信息技术工具、信息传播途径积累的经验知识。中职生要想充分掌握各种信息知识，首先应学习计算机应用和各种计算机相关知识。

（3）信息能力是运用信息知识、参与信息活动的能力。信息能力是信息素养的核心。中职生应当具备判断和掌握信息资源价值的能力，具备相关的知识和技能。

（4）信息道德是指在获取、利用和传播信息的过程中，应当遵守的道德规范。信息道德要求我们不得危害国家、社会和他人的合法权益。

生活感悟

加强信息素养教育，避免困在“信息茧房”

所谓“信息茧房”，是人们的信息领域会习惯性地被自己的兴趣所引导，从而将自己的生活束缚在蚕茧般的“茧房”中，成为与世隔绝的孤立者。

提高全民信息素养、加强青少年信息素养教育，是从容应对“个性化推荐”这一新生态，避免困在“信息茧房”的主动举措。

所谓“个性化推荐”，是网络根据用户的需求、喜好等有针对性地推荐信息。在个性化推荐已成常态的环境下，要想辨别所接受到的各种推荐，“信息意识”显得尤为重要。内化的信息意识会让我们在第一时间自觉地判断推荐信息的真伪与价值。例如，当一个病人要在搜索引擎上寻找适合自己的医疗机构和医疗方法时，排在推荐列表最前面的几个选项不一定是最适合的，而是额外给搜索引擎服务商付过费的广告；当一个买家在购物网站寻找一个商品时，推荐列表中可能也夹带着额外付费的商品。此时，信息意识就可以帮助用户了解、理解、从容面对这样的推荐列表，再做出有利于自己的选择。

善用网络的各种个性化推荐服务是信息能力素养的一个方面，用户面对真实情景和复杂问题，充分利用信息平台、信息工具和信息资源，就能减少不必要的简单重复工作，高效获取、处理、分享资讯，如利用个性化推荐克服信息过载，实现高效获取资讯。

在互联网时代，信息道德不容忽视。炒热是互联网上一种常见的商业行为，手段多多，很多的赞和转发可能是买来的，从众心理的点赞和转发正好落入炒作者圈套。社交媒体上点赞和分享是一种常见的情感表达和交流手段，当炒热行为有商业利益时、当个性化推荐中有夹带广告时，盲目点赞和分享就是一种缺乏“信息道德”的行为。

加强青少年信息素养教育，让下一代从容应对个性化推荐的新生态，健康成长，在中职教育中具有不容忽视的地位。

【思考与感悟】

上述材料涉及哪些信息素养？请举例说明。

____

____

____

____

____

____

____

____

检测训练

一、填空题

1．中职生应具备__________、__________、__________、__________等信息素养。

2．终身学习是指社会成员为适应__________和__________的需要，持续一生的学习过程。

3．__________是从有形物质创造价值的社会向无形信息创造价值的新社会转变的时期。

二、单项选择题

1．下列关于信息素养的说法中，表述错误的是（　　）。

A．信息意识要求可以做到有针对性地获取所需信息

B．信息知识是利用信息技术工具、信息传播途径积累的经验知识

C．信息道德是信息素养的核心

D．中职生应当具备判断和掌握信息资源价值的能力，掌握相关的知识和技能

2．下列选项中，不能提升中职生的信息素养的是（　　）。

A．学习计算机应用和各种计算机相关知识

B．充分利用网络技术服务于自己的学习和生活

C．增加自己的文化知识

D．避免在使用信息时侵犯他人的知识产权

3．下列选项中，不属于终身学习行为的是（　　）。

A．中职生小张坚持每天阅读，这个习惯他打算一直坚持下去

B．从事会计工作的心若一直坚持考取各种资格证书，并不断接受新知识

C．李教授虽已退休，仍然坚持每天读报

D．小帅虽学业繁重，但每天坚持玩一个小时的电脑

三、判断题（正确的画“√”，错误的画“×”）

1．在信息化时代，资本的积累成为创造财富的主要来源。（　　）

2．中职生应当学习计算机应用，并学习各种计算机相关知识。（　　）

3．终身学习是新时代的要求，是个人实现人生价值的重要途径之一。（　　）

4．作为中职生，需要掌握好自己的专业知识，但不需要熟练使用网络资源。（　　）

四、简答题

1．你如何理解终身学习的重要性？

2．简述中职生应该具备的信息能力素养。

五、辨析题

1．中职生可以通过有目的地上网搜寻信息、经常阅读相关信息等方法，帮助自己树立信息意识。

2．我们可以随意利用网络、刊物等信息。

六、案例分析题

与中科院院士一起站上“感动上海年度人物”的领奖台，来自安徽宿州的“80后”小伙儿胡振球感慨万千。12年前，他只身一人来到上海，从一名普通工人做起，而今他已是“上海市十大工人发明家”，共完成技术革新50多项，技术攻关10多项，取得各种专利14项。而这一切，都得益于参加了“百万在岗员工学力提升项目”。

胡振球是首批闵行区“百万在岗员工学力提升项目”的学员。他一边工作，一边坚持在上海开放大学闵行一分校学习，运用学到的理论知识帮助企业解决了不少技术难题，研发的“清扫车边吸尘口自动避让装置”还在第七届国际发明展览会上荣获金奖。2020年7月，胡振球终于拿到了大学本科学历证书，他激动地说：“感谢学力提升行动计划成就了我的普通工匠梦，我要继续用学习成就自我，用学习创新技术，用学习贡献社会。”

【思考】

1．为什么要终身学习？可以通过哪些方式进行终身学习？

2．读完上述材料，你打算如何顺应趋势，发展自己？

第六章

规划生涯　放飞理想

第一节　职业生涯，贵在迎难而上

知识结构归纳

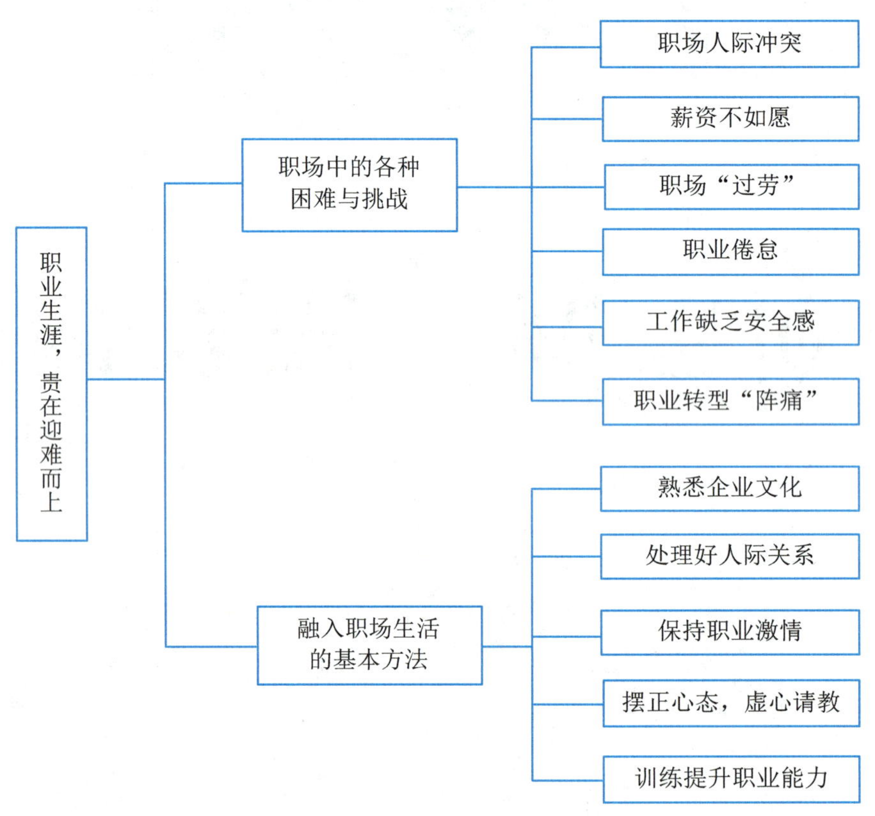

学习指导

1. 职场中的困难与挑战

（1）职场人际冲突。在职场打拼的人，很关键的一项技能就是人际关系的处理能力，这项能力很大程度上决定着一个人的工作成就。

（2）薪资不如愿。一种表现为“这山望着那山高”，另一种表现为“失衡”。

（3）职场“过劳”。在职场中，越往上晋升，待遇越高，责任也越大，同时压力也随之增大。这使得不少人经常感觉疲劳。

（4）职业倦怠。职业倦怠是个体不能顺利应对工作压力时的一种极端反应，是个体在长期压力下而产生的情感、态度和行为的衰竭状态。

（5）工作缺乏安全感。主要原因有以下几种：自身业务水平无法达到职位需求而缺乏安全感；自身努力得不到用人单位的肯定而缺乏安全感；岗位流动大，竞争激烈而缺乏安全感；劳动过程中得不到应有的保障而缺乏安全感。

（6）职业转型“阵痛”。放弃从事多年的工作，转向另外一个行业或工种类型时，产生的各种困惑和疑虑。

2. 融入职场生活的基本方法

（1）熟悉企业文化。求职者在求职时，需要明确求职企业的企业文化是否与自己的价值观相符。

（2）处理好人际关系。建立良好人际关系的第一步就是要从自身做起，要积极主动地和老员工沟通，从而使自己在最短的时间内成为公司这个大家庭中的一员，并体会到和大家相处的快乐。

（3）保持职业激情。爱一行，才能干一行。

（4）摆正心态，虚心请教。作为新入职员工，一定要尊重企业的老员工，并与他们多沟通，向他们多请教。此外，遇到问题时一定要多分析、多思考，分析问题的根源，总结以后遇到类似问题时的解决方法和解决思路，从而形成自己的方法论。

（5）训练提升职业能力。能力直接影响人的活动效率。

生活感悟

青岛40名大学生开启“马路天使”生涯

青岛市市南区环卫清洁总公司正面临人才断档的尴尬局面，十几名一线环卫管理人员陆续将要退休，亟须年轻力量补充。为此，该公司通过当地人社部门发布招聘简章，面向社会公开招聘60名环卫工作人员，其中40名需要长期在一线工作的环卫作业社区管理岗位。“这是公司首次大规模招聘大专以上学历员工。”该公司业务科介绍。

短短时间内，报名人数之多、竞争之激烈令公司业务科始料未及。最终，有40名年轻人从400余名报名者中脱颖而出，成功应聘。在正式上岗之前，他们需要参加3个月的一线轮岗实习，这意味着他们必须和一线环卫工人一同清扫马路，装运垃圾车，干各种杂活、累活。总之，要首先尝试成为环卫工人中的一员。

在报名之前，1992年出生的辛克泉被身边亲友拽着问了无数次“为什么”。辛克泉本科毕业于北京一所高校的法律专业，毕业后曾在青岛做过半年城管工作，他的选择让身边不少人大跌眼镜。让辛克泉最终下定决心的，不仅仅是国企的待遇，他更看重环卫事业的发展前景。“很多人

将环卫工作误解为扫马路、运垃圾，但环卫工作绝不仅仅如此，一个城市的文明很大程度体现在环境方面。与不少发达国家相比，青岛的环卫工作还有很大提升空间，这也意味着我们还有很多可以进步的地方。”辛克泉对这份工作不乏憧憬。

经过理论培训、军训后，3个月的轮岗实习随即开始，清扫马路、跟着垃圾压缩车装卸垃圾成为这批年轻人的日常工作。对不少人来说，适应过程中的困难远比想象中的多。“第一次扫马路时，自己脸皮薄得很，只闷头干活儿，都不大好意思抬头。”辛克泉回忆。

年轻人脑子灵活、点子多，为更好地开展环卫工作出了不少好主意。他们在一线培训时注意到，之前垃圾箱等距离放置容易造成资源浪费，于是提议旅游景点、车站等地可以多放，而人流较少的地方可少放；针对一线环卫工人普遍工作量较大的现状，他们提议人流量多时可适当减少其保洁面积，反之则增加保洁面积。

轮岗实习结束后，年轻的“片长”们正式上岗。对于这些年轻人来说，这一职位只是成长的一个阶段。公司承诺，工作优秀的一线员工将来会转到公司管理岗位或专业技术岗位。这些年轻人被寄予厚望，人们也期待着他们能为青岛这座城市带来更多改变。

【思考与感悟】

上述材料中的年轻人面临了哪些职业挑战？他们是如何应对这些挑战的？

____

____

____

____

____

____

____

____

检测训练

一、填空题

1. 薪资不如愿的主要表现有__________、__________。

2. 放弃从事多年的工作，转向另外一个行业或工种类型时，产生的各种困惑和疑虑是指__________。

3. __________与人的职业活动密切相关，它既能说明一个人能否胜任一份工作，也能说明一个人在该职业中能否取得成功。

4. __________是指企业全体员工在长期的生产服务中形成并共同遵循的最高目标、价值标准、基本信念和行为规范。

5. ＿＿＿＿＿又称职业枯竭，常表现出没有活力，没有工作热情，感到自己的情感处于极度疲劳的状态。

6. 建立良好人际关系的第一步就是要从＿＿＿＿＿做起，使自己在最短的时间内成为公司这个大家庭中的一员。

二、单项选择题

1. 下列选项中，不属于职业倦怠症状的是（　　）。

A. 没有活力，没有工作热情

B. 对工作对象和环境采取冷漠、忽视的态度，对工作敷衍了事

C. 总感觉自己在工作中的付出和收入不成比例，认为自己未得到应有的酬劳

D. 倾向于消极地评价自己，工作能力体验和成就体验下降

2. 下列做法中，属于放正心态、虚心请教，以融入职场环境的是（　　）。

A. 向其他同事抱怨自己的工作烦恼，以缓解自己的压力

B. 避免让自己卷入到人际关系的斗争中

C. 对于自己不认同的企业文化，会极力说服自己接受

D. 遇到问题时多思考，分析问题的根源

3. 下列选项中，不属于职场挑战的是（　　）。

A. 工作缺乏安全感　　B. 职业存在转型“阵痛”

C. 长期的工作可以积累大量专业经验　　D. 人际关系交往复杂

三、判断题（正确的画“√”，错误的画“×”）

1. 一般而言，在职场中，越往上晋升，责任越大，待遇越高，压力越小。（　　）

2. 自身努力得不到用人单位的肯定可能会导致从业者缺乏安全感。（　　）

3. 求职者在求职时需要分析自己是否认同求职企业的企业文化。（　　）

4. 从业者对自己抱有很高的期望值，却对市场行情认识不足，拿到与自己期望有落差的薪资是薪资“失衡”的表现。（　　）

5. 自身业务水平无法达到职位需求是工作缺乏安全感的原因之一。（　　）

6. 能力会直接影响一个人的活动效率。（　　）

四、简答题

1. 简述职场中存在的各种困难与挑战。

2．怎样才能更好地融入职场生活？

五、辨析题

1．人际关系是职场工作的一部分。

2．求职者进入一家企业，一定要认同该企业的企业文化。

六、案例分析题

吴某所学的专业是国际贸易，但她却热爱文学，具备良好的写作功底和语言表达能力。在校期间，她曾担任教授助理，还曾独自寻找到一个加盟项目，在家乡担任区域代理商。毕业后，吴某在工作的两年里先后跳槽五次，当过销售、策划、记者等。以下是吴某的工作经历。

2018 年 9 月～2019 年 1 月，在某知名房地产公司任物业主任。主要工作是处理投诉之类的事宜，该工作清闲稳定。但福利待遇一般，不能很好地满足吴某的物质需要。

2019 年 1 月～6 月，在某合资化妆品公司任品牌经理。工作初期，吴某很受公司领导器重。但她渐渐发现，领导的经营理念非常保守、吝啬，谈判往往因为极小的折扣谈不拢而搁置。同时，公司的产品都是在作坊式的加工厂贴牌生产，质量得不到保障。吴某觉得前途渺茫，毅然辞职。

2019 年 6 月～9 月，在某大型教育机构任销售专员，主要销售知名英语教材。该公司极度重视对员工的培训，甚至用独特的企业文化实现对员工思想上的控制。吴某被该公司表面上热情奋进的氛围所吸引，身为新人的她第一周的业绩就高居榜首。但高负荷的工作很快让她的身体严重

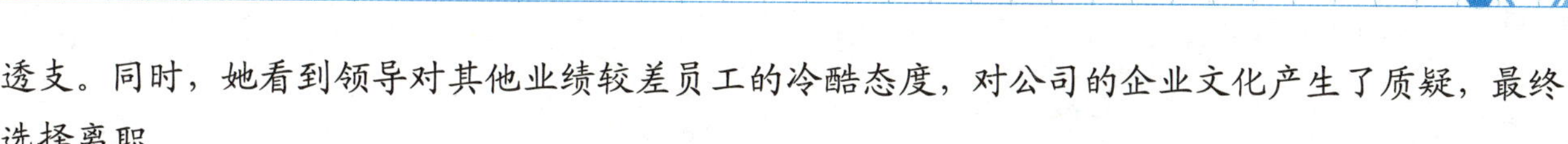

透支。同时，她看到领导对其他业绩较差员工的冷酷态度，对公司的企业文化产生了质疑，最终选择离职。

2019 年 9 月～2020 年 3 月，在某咨询策划公司，任销售公关经理。在此期间，吴某策划了一些与报社等其他媒体的合作项目，培训了多名业务员。以往的工作波折、轻率的跳槽经历造成的“后遗症”慢慢表现出来，吴某发觉自己害怕与客户沟通，这种恐惧感，让吴某非常困扰，由于无法调整好自己的心态，吴某又一次选择了辞职。

2020 年 3 月开始，吴某在一家杂志社担任记者。与先前的辗转奔波和业绩压力相比，这份工作轻松了很多，也让吴某从紧张的心理状态中解放了出来，但吴某还是觉得心里空荡荡的。

【思考】

1．吴某在职场中遇到了哪些困难与挑战？

2．针对吴某的工作经历，你有哪些融入职场生活的建议？

第二节　职业生涯，难在科学评价

知识结构归纳

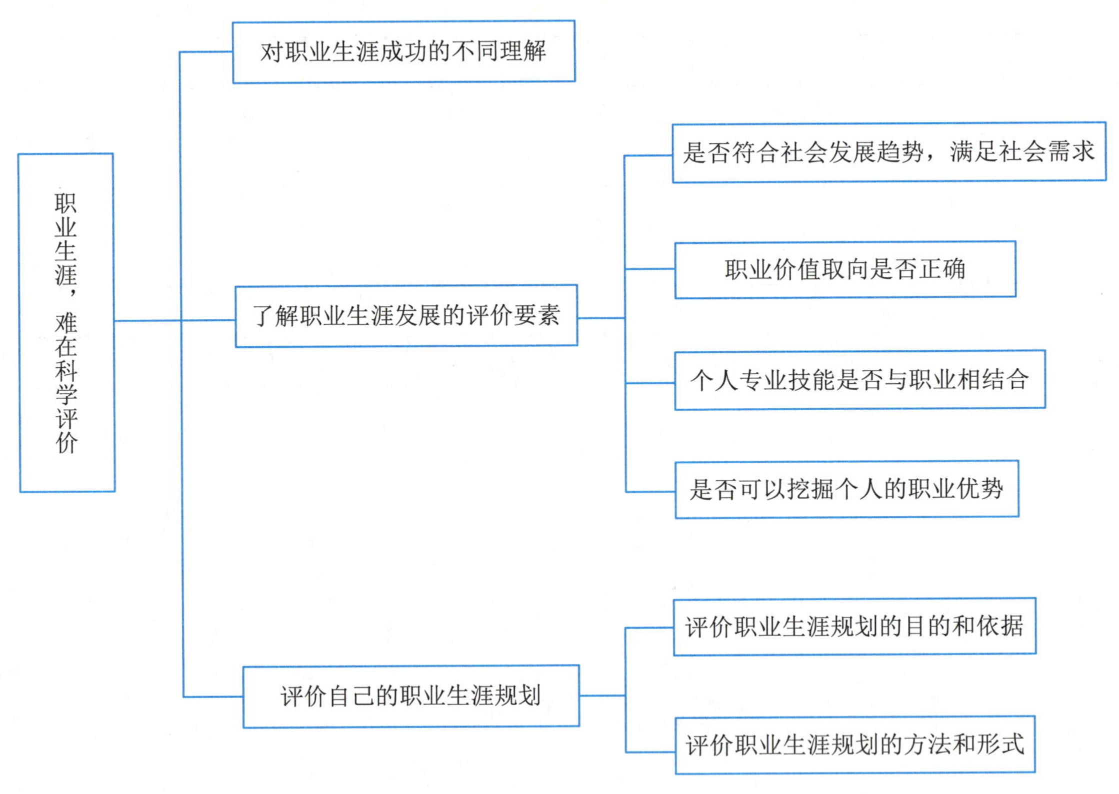

学习指导

1. 对职业生涯成功的不同理解

个人要想获得职业生涯的成功，既要追求外在的薪酬、职位或影响力，更要重视内在的心理特质，追求生命意义的体验和精神上的满足，找到个人的职业价值取向与自己所适合职业的结合点，这样才算真正意义上的成功。

2. 职业生涯发展的评价要素

（1）是否符合社会发展趋势，满足社会需求。作为即将步入社会的中职生，我们应该善于把握社会发展脉搏，了解所学专业在社会上的需求形势、社会发展对自身发展的影响等。

（2）职业价值取向是否正确。简单来说，就是“干什么最值得”。

（3）个人专业技能是否与职业相结合。专业技能是职业选择、职业发展的基石，只有具备丰富的专业知识和扎实的技能基础，个人的职业发展空间才会变大，职业之路才会越走越远、越走越宽。

（4）是否可以挖掘个人的职业优势。要想保证职业生涯的持续发展，就应当最大限度地挖掘并充分利用各种职业优势，综合各种职业资源。

3. 评价职业生涯规划的目的

评价职业生涯规划的目的在于进一步发挥职业生涯规划对自我发展的激励作用，为自己能有一份高质量的职业生涯规划和一个良好的职业开端服务。

4. 评价职业生涯规划的依据

中职生在评价自己的职业生涯规划时，要始终围绕规划能否促进职业生涯的可持续发展来进行。在具体操作时，应从以下两个方面来把握：第一，要有现实性；第二，要有激励性。

5. 评价职业生涯规划的方法

（1）按职业生涯规划的设计过程，即发展条件、发展目标、发展台阶、发展措施，全面审视各环节的现实性和激励性。

（2）重点检查自己的近期目标与发展条件的匹配程度，以及近期目标的成功概率和实现近期目标措施的可行性，即检查与职业生涯发展的职业准备期、职业选择期、职业适应期有关的目标、措施的现实性和激励性。

6. 评价职业生涯规划的形式

（1）自我评价，是评价职业生涯规划的基础。

（2）集体评价，是完善职业生涯规划的重要保证。

（3）教师评价，是再次修订职业生涯规划的导向。

生活感悟

大学生就业难中存在“有业不就”现象

大学生就业始终是社会关注的热点话题。2020 年突如其来的新冠肺炎疫情，对用人单位招聘带来冲击，也打乱了毕业生求职和就业的节奏。疫情之下，政府、社会、高校采取各种措施，以确保这一届毕业生能够顺利毕业、尽早就业。单从数字上看，2020 届高校毕业生面对的岗位需求还是可以保障的，可以说绝大部分毕业生并不缺少就业机会。然而现实中还是有一部分大学生在毕业时仍未落实就业，处于待就业状态。大学生“有业不就”已成为亟待解决的社会问题。

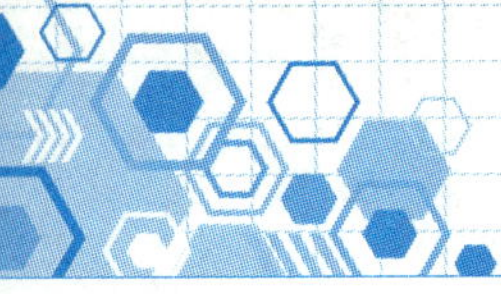

调查数据显示，这部分学生一类是有就业意愿，但总觉得眼前的工作不适合自己，不愿意贸然把自己“签”出去，他们往往被一些观念束缚。例如，“第一份工作找不好，后面要转行或者跳槽就很难了”“职业起点很重要，不能输在起跑线上”，如果要进一步追问他觉得什么是适合的工作，很多人可能回答不上。有些学生过分关注岗位本身的条件而忽略自身是否具备与之匹配的能力，甚至连岗位需要具备的能力素养要求都不甚清楚。另一类是无就业意愿，准备来年继续考研或出国深造，这类学生除了少数希望通过深造为未来从事学术科研打下基础，大部分是希望通过提升学历或是换到热门专业来提升未来就业时的竞争力。

破解“有业不就”需加强大学生职业生涯发展指导

无论有无就业意愿，破解“有业不就”的关键是加强对学生的职业发展教育指导。首先，学生要树立科学的职业价值观，正确认识第一份工作的意义，摒弃对就业和个人发展的不合理观念。第一份工作应该是毕业生踏入社会后的另一所大学，毕业生应当从中掌握必要的工作技能和职业素养，在体验尝试中，学习独立思考，逐渐找到自己真正感兴趣的职业方向。先就业再择业，适合自己的工作不是“想”出来的，而是经过实践和思考后“悟”出来的。

其次，学生应树立持续规划和终身学习的理念。当今时代，知识和技能的迭代速度大大加快，行业和职业也处于不断发展变化中，过去那种一辈子从事一份工作的情况可能会越来越少。未来的职业形态将越来越多地打破边界，具有更多的流动性、开放性和多元化。经济和社会的快速发展，不断为个人的职业发展创造新的机会和可能，也随时对我们提出新的要求。单靠学历教育储备应对未来变化需要的知识技能是不够的，毕业生需要通过持续学习、终身学习，不断重构自己的知识、技能和能力，以适应多变的工作要求和把握全新的职业机会。生涯发展教育可以帮助学生有意识、有能力地从职业发展趋势和个人长期发展的维度上，去思考和决策毕业后是工作还是升学，升学是为了什么，工作又能够积累什么。

再次，学生应关注“软技能”的培养和提升。北京大学教育学院2019年全国高校毕业生就业调查显示，已经顺利就业的毕业生的工作对社交能力的要求是最高的，之后是感知和操作能力。北京大学学生就业指导服务中心多年调查的结果也表明，除了专业知识，用人单位对毕业生学习能力、沟通与表达能力、创新能力等软性技能和素质非常看重。这些软技能往往比专业知识具备更强的可迁移性，是未来任何时代、从事任何行业和职业都适用的。

“互联网+”时代需要引导大学生更新求职理念

此次疫情波及行业广泛、影响持久，但一些行业却逆势上行，在危机中获得了新的发展机遇。例如，互联网相关行业，并且客观上推动不少传统行业依托互联网平台形成新的发展业态。可以说，未来行业发展的“互联网+”的趋势更加显现。

互联网的发展，尤其是人工智能技术的发展，是否会替代人的工作角色，一度有很多的讨论。目前越来越多的观点认为“人机协同”将成为未来新的工作模式。人的工作角色可能更多转向后台的管理、监督、评估、交流等内容，人的岗位价值更应该突出创造性和创新性，花费更多的时间来思考如何更好地利用机器创造更多的价值。人可以不再固定在某个特定的工作岗位上，工作的流动性得以增加，因此传统职业观念中看重“工作稳定”的价值主张需要改变，应该树立适应变化、拥抱变化、利用变化的职业理念。传统的在求职时关注“专业对口”的理念也需要改变，大学生不能仅仅寻找与自己现在的专业能力相匹配的工作，更应该在大学期间和踏入职场后主动培养与自己期待工作相匹配的知识和能力。可以预见，在未来职场中，人要学会如何思考自己的岗位价值、发挥自己的独特优势，而这些正是生涯发展教育最重要的目标和内容。

因此，无论是短期内破解大学生“有业不就”问题，还是长期引导大学生树立科学的就业理念，进而实现更加充分和更高质量的就业，加强大学生生涯发展教育都势在必行。

【思考与感悟】

1．你认为大学生“有业不就”的原因有哪些？

2．结合上述材料，请你对自己的职业生涯规划进行评价。

____

____

____

____

____

____

____

____

检测训练

一、填空题

1．______________是评价职业生涯规划的基础；_______________是完善职业生涯规划的重要保证；_________________是再次修订职业生涯规划的导向。

2．评价职业生涯规划的方法有检查与职业生涯发展的职业准备期、职业选择期、职业适应期有关的目标、措施的_____________和______________。

3．评价职业生涯规划的基础是______________。

4．______________又称职业价值观，是个人希望从事某项职业的态度倾向。

5．从职业的存在到岗位的确定，都是以符合_______________、满足_______________为前提的。

二、单项选择题

1．下列选项中，不属于评价职业生涯规划主要形式的是（　　）。

A．企业评价　　B．集体评价

C．教师评价　　D．自我评价

2．下列选项中，不属于职业生涯发展评价要素的是（　　）。

A．是否符合社会发展趋势，满足社会需求

B．职业价值取向是否正确

C．个人专业技能是否与职业相结合

D．是否可以获得更高的收益

3．下列选项中，职业价值取向与职业相对应的是（　　）。

A．个体经营者——有学问，受人尊敬

B．政治家——挑战自我，喜欢冒险

C．服务行业——追求自由空间，掌控自己的命运

D．公务员——拥有稳定的生活和固定的收入

4．要对职业生涯的某个阶段是否成功进行全面评价，必须综合考虑的是（　　）。

A．个人与家庭因素

B．社会评价和企业评价

C．自我评价和他人评价

D．个人、家庭、企业和社会等因素

三、判断题（正确的画“√”，错误的画“×”）

1．评价职业生涯规划的目的在于进一步发挥职业生涯规划对自我发展的激励作用，为自己能有一份高质量的职业生涯规划和一个良好的职业开端服务。（　　）

2．一般情况下，薪酬待遇越高，职业生涯越成功。（　　）

3．对于教师评价，不应看重得到的分数或等级，而应该重视教师对规划本身的修改建议。（　　）

4．评价职业生涯规划可以从检查与职业生涯发展的各个时期有关的目标、措施的现实性和激励性这个角度进行。（　　）

5．制定的职业生涯规划要有激励性，能够督促自己珍惜时间、养成良好的习惯。（　　）

四、简答题

1．简述职业生涯发展的评价要素。

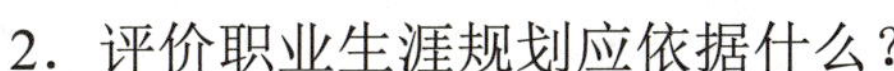

2．评价职业生涯规划应依据什么？

3．如何评价职业生涯规划？

五、辨析题

1．每个人对职业“成功”的看法是相同的。

2．职业价值取向是否正确，也就是我们常说的“干什么最值得”。

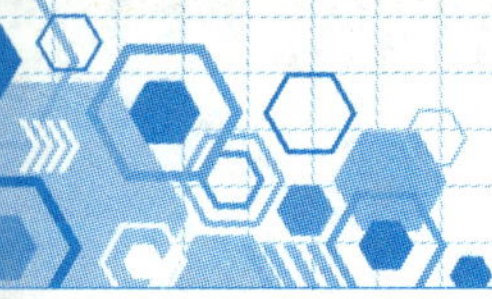

六、案例分析题

小李是金融专业的优秀毕业生，在校期间，她分别获得一等、二等奖学金。毕业前半年，小李就经常查看学校就业信息网上的招聘启事，并为进入心仪的工作单位做充分的准备。

经过权衡考虑，她选择中国农业银行总行和一家国外独资企业作为自己的应聘对象，积极投递自荐信和个人简历。这两家单位比较“抢手”，前去应聘的毕业生人数很多。面对众多的应聘者，两家单位均采取笔试加面试的考核方法进行筛选。小李一路过关斩将，考核后的一周内，这两家单位都向她伸出了橄榄枝。取谁舍谁？小李没有立刻决断，而是广泛征求父母、老师和同学的意见：一方认为去外资企业工作利大于弊。外资企业有利于个人的发展，工资待遇高，流动性较强，出国留学比较方便；不利的是工作不努力的话，容易被“炒鱿鱼”。另一方认为去中国农业银行工作利大于弊。银行工作风险不大，比较稳定，劳动强度不高，待遇虽然没有外企高，但是内部福利并不少；不利的是工作合同年限较长，不方便出国留学和适时的流动。

小李结合各方对自己提出的忠告和建议，分析了自己的性格特点、两家单位的用人标准和自己将来的发展趋向，最终选择了中国农业银行总行。

【思考】

1．小李是如何确定自己的就业单位的？

2．你会从哪几个要点出发，对自己的职业生涯发展进行评价？

____

____

____

____

____

____

____

____

第三节　职业生涯，成在合理调整

知识结构归纳

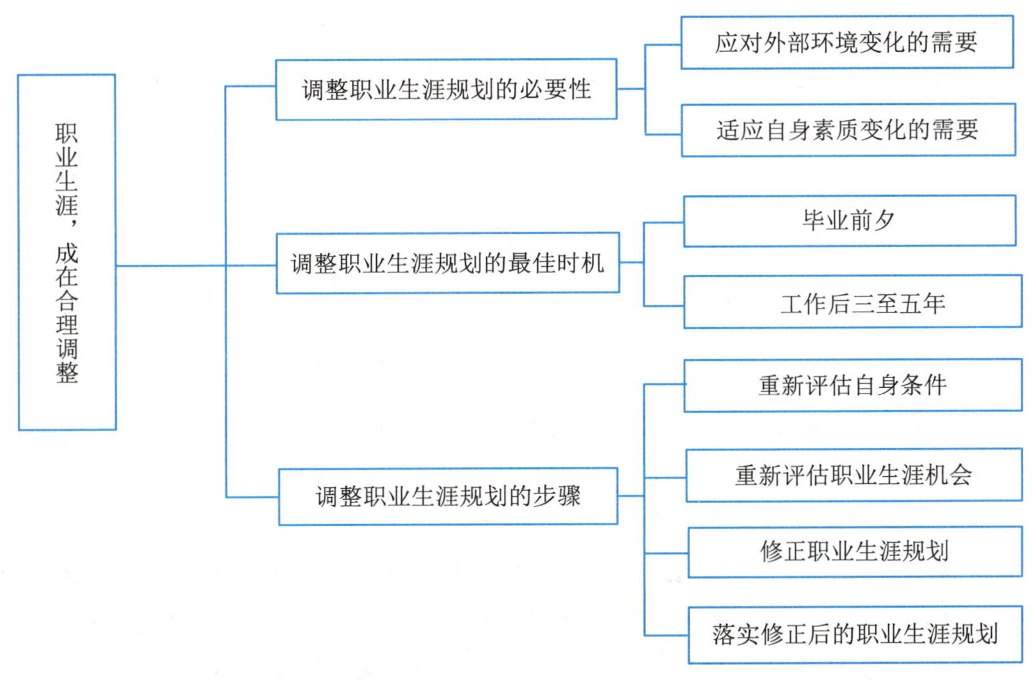

学习指导

1．调整职业生涯规划的必要性

（1）应对外部环境变化的需要。随着新工艺的推广、新技术的应用、设备的更新、岗位任务和职责的变化，就业岗位对从业者的要求也在发生变化。此外，在职业生涯规划的执行过程中，有些从业者会发现，自己所选职业及其所在行业并不符合自己的追求和理想，也需要及时转变职业发展方向。

（2）适应自身素质变化的需要。在校期间制定的职业生涯规划，是在初步确立职业理想、职业认知和职业目标的基础上完成的。随着年龄的增长、知识的丰富和能力的提升，对自身、社

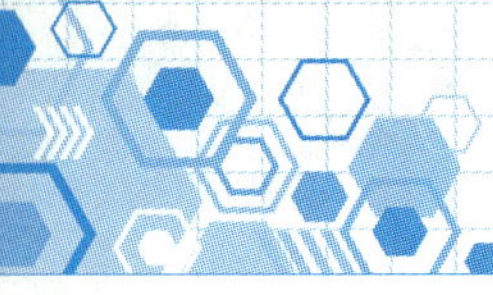

会和职业逐步有了更深刻的认识，价值观和职业观也会随之改变，此时也需要对职业生涯规划进行及时调整。

2. 调整职业生涯规划的最佳时机

（1）毕业前夕。此阶段通常已有求职经历，可以根据获取的职业信息、人才市场上的供求关系和自己的求职过程，来对自身条件进行检验。

（2）工作后三至五年。此阶段已有从业实践，可以修正发展目标，甚至调整发展方向，也可以进一步完善原有的发展措施。

3. 调整职业生涯规划的步骤

（1）重新评估自身条件。通过“我能干什么”进行自我审视，来掌握自身条件的变化和职业实践的检验结果，从而判断自己的职业素养是否符合当前所从事的职业。

（2）重新评估职业生涯机会。通过“什么可以干”进行自我审视，来对求职环境或从业环境进行再分析，对自己的职业生涯机会和障碍进行评估。

（3）修正职业生涯规划。通过“应该怎么干”进行自我审视，来修正职业生涯发展目标，调整职业生涯规划。

生活感悟

网红“云揽客”，文旅业复苏的新玩法

受新冠肺炎疫情影响，2020 年，直播带货成各行业突围“利器”。遭受重创的文旅业，则是最早一批寻求与短视频平台合作的行业。当下，通过网红的“云揽客”、直播带货，推介各大景点及相关文旅产品，已成为各地“重启”文旅业的重要模式。

作为演讲嘉宾，“泥巴哥”刚刚结束了他在首届快手网红文旅大会舞台上的演讲。台下观众席上是河南省洛阳市文旅界的官员与业内人士及 300 多位来自全国各地的网红。他几乎是所有演讲者中最动情的一位，这或许和短视频改变了他和周围人的命运有着直接关联。

“泥巴哥”本名朱付军，是位河南小伙。三年前，在建筑工地摔断腿后，他一度失去了工作。伤筋动骨一百天，朱付军一时间也没办法找工作，闲来无事便拾起了自己捏泥巴的传统手艺，并拍成短视频放到了网上。出乎意料的是，他的短视频迅速在网上爆红，为他的人生打开了一扇新的门。如今，他不仅有了自己的工作室，还帮当地捏泥巴老手艺人直播带货，一次直播的销售额就达上百万元。

“泥巴哥”只是当前文旅行业积极拥抱直播平台，实现景点推介与文旅产品售卖有效融合的缩影。除了“泥巴哥”，大会还吸引了汝志刚、“御儿古风”等全国各地超过 300 位网红主播。他们通过各自的短视频，向粉丝们直播名胜古迹。

【思考与感悟】

1.“泥巴哥”为什么要调整自己的职业？

2. 通过他的事迹，你认为调整职业生涯规划需要遵循哪些步骤？

____

____

____

____

____

____

____

____

检测训练

一、填空题

1. 要想在职业生涯中获得成功，必须把职业生涯规划落实在每一天的________中，注重培养积极有效的________，绝不能做“语言的巨人，行动的矮子”。

2. 在校期间制订的职业生涯规划，是在初步确立________、________和________的基础上完成的。

3. 为了保证职业生涯规划的行之有效及与时俱进，需要根据________和________的变化，对职业生涯规划进行及时调整、修正和完善。

4. 对于初次制订职业生涯规划的中职生来说，首先应分析________，然后再确定发展目标，以避免因涉世未深而眼高手低。

二、单项选择题

1. 一般而言，调整职业生涯规划的最佳时机是（　　）。

A. 在校期间　　B. 毕业前夕及工作后三至五年

C. 工作一年内　　D. 工作五年后

2. 下列选项中，不能作为中职生调整职业生涯规划原因的是（　　）。

A. 在制订职业生涯规划时，对实际情况不够了解

B. 环境和本人都发生了较大的变化

C. 初入社会，信心满满，好高骛远

D. 对职业生涯发展有了新的追求

3. 中职生在调整职业生涯规划时，首先应当考虑的是（　　）。

A. 我能干什么　　B. 我干得怎么样

C. 为什么这么干　　D. 应该怎么干

三、判断题（正确的画“√”，错误的画“×”）

1．开始工作时觉得现在的职业并不适合自己，应马上换工作，避免浪费时间。（　　）

2．职业生涯规划一旦制订完成，就意味着一劳永逸。（　　）

3．重新评估职业生涯机会是通过“我能干什么”的自我审视，来掌握自身条件的变化和职业实践的检验结果，从而判断自己的职业素养是否符合当前所从事的职业。（　　）

4．初入职场，我们需要知道“我将成为什么人”，并向管理人员方向发展。（　　）

四、简答题

1．为什么要调整职业生涯规划？

2．为什么在校期间制定的职业生涯规划与实际存在差距？

五、辨析题

1．修正职业生涯规划是通过“什么可以干”的自我审视，来对求职环境或从业环境进行再分析，对自己的职业生涯机会和障碍进行评估。

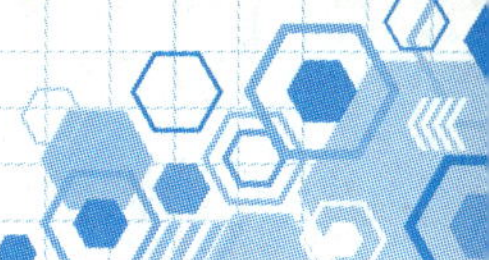

2．为应对外部环境的变化，有时需要我们调整职业生涯规划。

六、案例分析题

学计算机应用专业的小夏，出生在农村，毕业后在一家电脑公司做销售。他打算先积累一些销售经验，在有了一定资本积累后开一家电脑专卖店。意料之外的是，他所在的公司因经营不善，发展陷入困境，导致他的收入锐减。

小夏在上学时就养成了上网关注各种新闻的习惯，他看到本地葡萄苗木紧俏的新闻，便开始查阅相关资料。他惊喜地发现，卖一捆葡萄苗比卖一台电脑的净收益还多。于是，他开始“恶补”繁育葡萄苗木的知识，还专程到苗木繁育基地考察。待到时机成熟，他辞职返乡，承包一片荒山搞葡萄苗木种植。

小夏在实践中发现，种植葡萄苗木虽然收益很好，但市场容易饱和。这时，不断学习、善于思考的好习惯帮了小夏。他发现城市对绿化树种的需求很大，而邻县的一大片盐碱地在网上发布了招标改造的消息。有一定苗木种植经验的小夏，请专家实地考察盐碱地的可用性。

心中有底之后，他与人合伙承包了这片盐碱地，施酸性肥料，栽种杨树苗，不但改良了土壤，而且速生的杨树长得也很好。这一年，国家恰好出台了退耕还林政策，小夏还为此得到了不少政府补贴。

【思考】

1．小夏为什么要调整自己的职业生涯规划？

2．通过小夏的案例，你有什么启发？